女子國文教科書

上海商務印書館

再现国语精华 重温百年教育

百年老课本系列

（商务印书馆）

女子国文教科书

（订正版）

戴克敦 蒋维乔 庄俞 沈颐◎编著

天津出版传媒集团
天津古籍出版社

图书在版编目（CIP）数据

女子国文教科书：订正版 / 戴克敦等编著 . -- 天津：天津古籍出版社，2013.1（2017.7 重印）

（百年老课本系列）

ISBN 978-7-5528-0038-8

Ⅰ . ①女… Ⅱ . ①戴… Ⅲ . ①语文课－中小学－教材 Ⅳ . ① G634.301

中国版本图书馆 CIP 数据核字 (2012) 第 210755 号

百年老课本系列

女子国文教科书（订正版）

戴克敦等 / 编著

出版人 / 刘文君

*

天津古籍出版社出版

（天津市西康路 35 号　邮编 300051）

http://www.tjabc.net

E-mail:tjgj@tjabc.net

三河市明华印务有限公司

全国新华书店发行

开本 710 × 1020 毫米　1/16　印张　17.75

2013 年 1 月第 1 版　2017 年 7 月第 2 次印刷

ISBN 978-7-5528-0038-8

定价：45.00 元

《百年老课本系列》出版说明

翻开这套《百年老课本系列》丛书，竟然会对我们产生巨大的吸引力，这是很多人想象不到的。可是，事实就是如此，一百年前的老课本，编得是那么出色，不由让人一页一页地翻下去，直至结束，还回味无穷。

中国的科举制度，从隋炀帝大业元年（605年）设进士科取士，到清朝光绪三十一年（1905年）为止，经历了一千三百多年。但这么根深蒂固的制度，也经不住具有蓬勃朝气的科学知识力量的冲击，连慈禧这样的旧制度的代表人物也不得不下诏废除。事实上，随着帝国主义用大炮打开中国的大门，西方知识界的德先生（Democracy，民主）和赛先生（Science 科学）也来到了中国。尤其是赛先生，让中国人大开了眼界。中国的知识界知道这是根本改变受欺负境遇的必须要掌握的武器。于是，新学堂开始在中国出现。从同治元年（1862年）北京设立京师同文馆起，到光绪三十一年（1905年），全国各地新学堂已有8277所，至光绪三十二年（1906年）更达23862所。

兴办新学堂热潮在全国各地的推展，呼唤着新式教材的尽快诞生。正如光绪三十二年（1906年）出版的《最新官话识字教科书》的『编辑大意』所说，『世界文明日起，真理日显，旧日字书之解说，于事理有未的确者』。在这种环境下，一些知识界的有识之士和出版机构便竞相编辑出版适合新学堂使用的教科书。而正是对『文明』和『真理』的追求，使这些教科书从一开始就显示出其勃勃的生机。

首先，这些教科书鲜明地体现出对人的尊重。与『天子重英豪，文章教尔曹』不同，它们不再摆出『高台教化』的面孔，对孩子进行训示式的教育。在教科书的编辑思想上，非常强调『儿童兴趣』。在内容的选择、编排上，希图使儿童的兴趣『日新』。『凡有形可象、有事可指者，皆附有图画』，甚至采用最先进的印刷工艺，『每本插入五彩图画数张』，『意在鼓儿童之兴趣，工本之重，所不计焉』。诺贝尔奖获得者丁肇中教授说：『一个人来到世界走一遭，应该按照自己的兴趣发展。』尊重孩子的兴趣，从教学方法来说，是因材施教；从政治观念来说，就是对每个人的个性的充分尊重。百年前的这些教科书，在激发儿童兴趣方面做了很多努力。我们可以看到，教材在选材上，从儿童最简单的身边生活开始，把他们当朋友一样来循循善诱，非常符合儿童身心发展需要。中国古代那种师道尊严的氛围，在教科书中明显地被淡化。今天，我们称呼『小朋友』已经很习惯，但在一百年前的清朝，教科书已经把孩子们当『朋友』对待，这是非常难能可贵的。

其次，这些教科书在教儿童识字的同时，将大量的当代科学知识掺入其中，使孩子们在一开始就和当代科学前沿接触，从根本上改变了中国古代教育只重『传道』而轻视『奇技淫巧』的做法。比如，光绪三十二年（1906年）出版的《最新官话识字教科书》在介绍『天』时说：『天没有实在形状，不过空虚的地方就是，所以离开地就好算天了。』课本在下方画了地球和它外围的空气及星星。这就与中国儒家传统的「天」的观念大相径庭。在儒家看来，「天」具有主宰宇宙的万能的意义。而这个课本所介绍的「天」，就已经是现代科学意义上的「天」了。皇权不能阻止科学的脚步的前进，百年前的教科书用其实际的例子向我们昭示了这个必然规律。

在「文明」和「真理」的旗帜下，一百年前的教科书在介绍西方先进的知识和理念的同时，并没有丢弃我国传统文化中的精华性的因素，而是参酌中西，择优选材。如 1912 年出版的商务《共和国教科书新国文》（初小用），就既讲了孝亲、尊师、友爱，也讲了现代意义上的守规则；既讲了黄帝、嫘祖，也讲了华盛顿小时候主动承认错误的故事。《最新官话识字教科书》在解释「虐」字时，解释说：「待人凶暴，凌辱不堪，叫做虐。像现在美国待中国到彼处做工的人，就算虐待了。」这都是中西理念的参伍结合以后产生的思想和认识。

一百年前中国知识界在欢迎「德先生」和「赛先生」进入中国的初始时期所编辑出版的「老课本」所闪耀的毅然奋起直追世界先进潮流的风范，依然生发着熠熠的光辉。前辈们在做这件事的时候，一心想的是中国的强大。《最新官话识字教科书》的「参阅者」寿孝天说：「假令中国文字与语言合，中国人无不识字，异日环球各国，开同文之大会，舍少数从多数，吾知必以中国文字为万国通行之文字也。」他们想的是中国在世界的地位，希望能使世界平等地接纳中国。这种希望，至今依然成为中国人的一个情结。平等、共存、进步、发展，可以说是世界人民的共同追求。前辈们的这种努力的结晶——百年老课本，今天之所以还吸引我们，是因为其中存在着这种永远不会过时的价值。

为使更多的读者与我们共飨这文化的盛餐，我们这次决定先期推出《百年老课本系列》丛书七种：分别是光绪三十二年（1906年）出版的《最新官话识字教科书》（上下册）、商务印书馆 1912 年版的《共和国教科书新国文（初小）》、《女子国文教科书》（订正版）、1932 年版的《新学制国语教科书》（初小）、世界书局 1933 年版的《国语新读本》、大东书局 1933 年版的《新生活国语教科书》、世界书局 1933 年版的《模范公民（公民训练小册）》。考虑到现代读者中许多人已经不熟悉繁体字，我们在每一页下方插入了用现代汉语排出的相应文字，希望能对读者有所帮助。为了避讳，清朝时期出版的图书，有些文字依照旧时体例为缺笔字，我们为了让读者看到原貌，故一仍其旧，特此说明。

前辈们在百年前就在新教材的编写方面做出了巨大贡献，我们至今对他们一直深怀钦敬之情。假如他们的作品仍在著作权保护期内，我们希望相关著作权人能及时与我们联系，以便及时奉上稿酬。

编 者

二〇一二年八月

作者简介

◎编著者

戴克敦（1872—1925）　中国近现代出版家。字懋哉，前清秀才。浙江杭州人。曾就职于商务印书馆，任国文部编辑。一九一二年，与陆费逵共同创立中华书局。历任书局董事、事务所所长，一九一六年，任编辑长。主持编写了大量教科书。

蒋维乔（1873—1958）　著名教育家、哲学家、佛学家。字竹庄，别号因是子。江苏武进人。一九〇三年应蔡元培之聘，赴沪任『爱国学社』『爱国女学』教员。后进商务印书馆编译所，从事小学教材的编写，并主持小学师范讲习所，创设商业补习学校、工人夜校。辛亥革命后，曾任教育部秘书长、参事。一九一三年辞职返沪，仍入商务印书馆，主持编辑中学及师范学校教材。一九二二年出任江苏省教育厅长。一九二五年出任东南大学校长。一九二九年受聘为上海光华大学哲学系教授、中文系主任、教务长、文学院院长。

庄俞（1876—1940）　近现代出版家、教育家。名亦望，字百俞，又字我一，别号梦枚楼主。江苏武进人。一九〇三年入商务印书馆，供职三十年，先后参加编写《最新教科书》《简明教科书》《共和国新教科书》《单级教科书》等多种课本。徐悲鸿困顿时有人向他推荐徐的画，他们本是同乡，庄俞却本着对工作负责的精神，认为徐的画不适合作教科书插图，予以退还。徐悲鸿深受打击，几欲自杀，后发愤成为艺术大师。庄俞去世时，张元济作《挽庄百俞联》，联曰：『如此岁月如此山河翻幸百罹长解脱，可共安乐可共患难最怜卅载旧知交。』

沈颐 中国近现代出版家。字朵山。江苏武进人。曾任商务印书馆国文部编辑，参编《初等女子国文教科书》等多种中小学教科书。一九一二年一月一日与陆费逵、戴克敦等五人集资创办中华书局，为辞典部部长。后主持编写《辞海》。

◎校订者

高梦旦（1870—1936）中国近现代最富实绩和最具声望的出版家之一。原名凤谦，号梦旦。福建长乐人。任商务印书馆编译所所长至五十一岁，主动请辞，并亲赴北京，邀请不满三十岁的胡适担纲，胡适推荐老师王云五。王云五当时毫无名气，人们怀疑他的才能，高梦旦却尽心帮他熟悉各项工作，在王接手后还尽力辅佐。有人不解，他解释道：『公司犹国家也。谋国者不可尸位，当为国求贤……国方得以长久。』高梦旦识才爱才。他提升青年沈雁冰任《小说月刊》主编，沈要求：现存稿子都不能用；全部改用五号字；馆方应当让其全权办事，不能干涉编辑方针。高梦旦全部应允。商务众人，出身、经历、利益、性格均不相同，高梦旦以理游说折冲其间，三十余年始能无大冲突，被称为商务不可少之『润滑剂』。

张元济（1867—1959）近现代大出版家。字筱斋，号菊生。浙江海盐人。清光绪进士。曾任刑部主事、总理各国事务衙门章京。戊戌变法时光绪帝曾破格召见，政变后被革职。后在上海致力文化事业，主持商务印书馆，校有百衲本《二十四史》，影印《四部丛刊》，辑有《续古逸丛书》。新中国成立后任上海文史馆馆长、商务印书馆董事长，并当选为全国人大代表。著有《校史随笔》《涵芬楼烬馀书录》等。

目录

CONTENTS

第三册

第四册

第五册

第六册

第七册

第八册

第一册

第一課

人

女

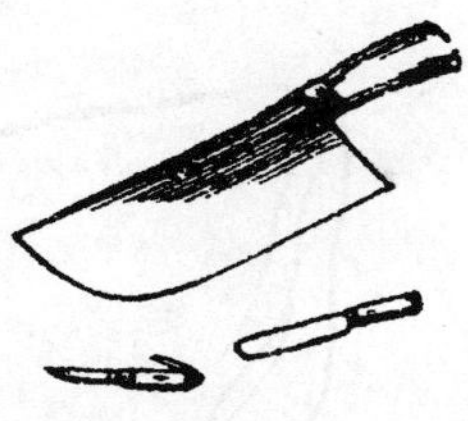

刀

山

第一课

人 刀 女 山

第七課

白布 兩尺

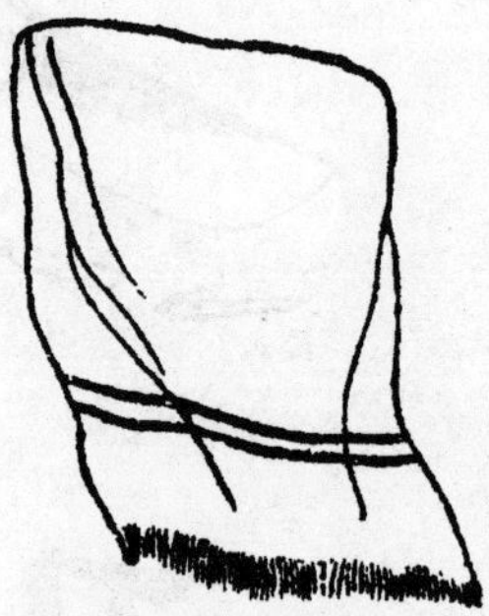

手巾 一方

第七课

白布　两尺　手巾　一方

第八課

長廊　小井

花瓶

水壺

第八课

长廊　小井　花瓶　水壶

第九課

窗前

几上

穿針　量布

第九课

窗前　几上
穿针　量布

第十課

剪刀　裁衣

白米　煮飯

第十课

剪刀　裁衣
白米　煮饭

課一十第

三月 二月 正月

第十一课

正月　二月　三月

第十一課

梅花

杏花

桃花

第十一课

梅花　杏花　桃花

第十四課

天明

日出

人起

第十四课

天明　日出　人起

第十四課

開窗 掃地 拭几

第十四课

开窗　扫地　拭几

第二十課

汝前行　我後行

青草地　放風箏

第二十课

汝前行　我后行
青草地　放风筝

第二十四課

庭中花　先後開

木筆紫　海棠紅

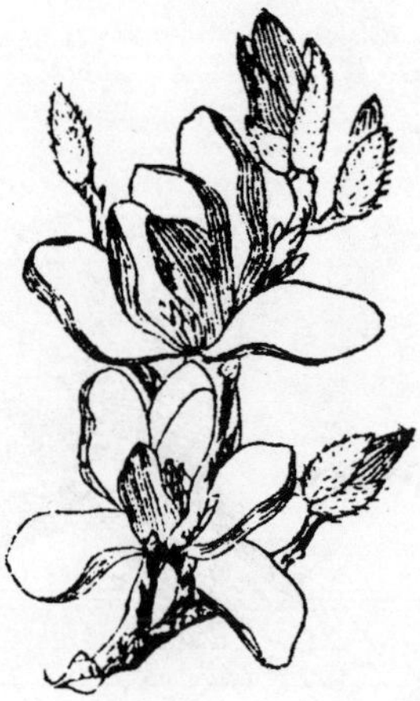

第二十四课

庭中花　先后开

木笔紫　海棠红

第二十五課

三四月

桑葉綠

手提筐

往採桑

第二十五课

三四月　桑叶绿

手提筐　往采桑

第二十六課

竹生筍
竹筍尖

菜開花
菜花黃

第二十六课

竹生笋　菜开花
竹笋尖　菜花黄

第二十七課

門外犬　田中牛
犬守門　牛耕田

第二十七课

门外犬　田中牛
犬守门　牛耕田

第二十八課

母與女
作新衣
內衣短
外衣長

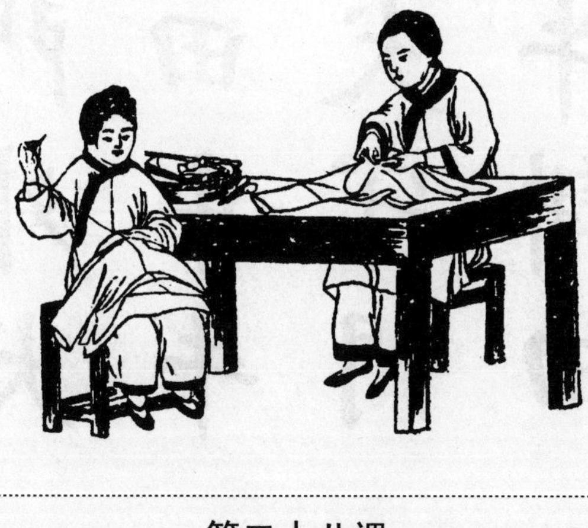

第二十八课

母与女　作新衣
内衣短　外衣长

第二十九課

水滿池　花滿架
魚游水　蝶穿花

第二十九课

水满池　花满架
鱼游水　蝶穿花

第三十一課

水牛
牛角

山羊
羊毛

第三十一课

水牛　山羊
牛角　羊毛

第三十一課

白馬 黃犬
馬足 犬牙

第三十一课

白马　黄犬
马足　犬牙

第三十二課

書房一間
紙窗竹几

第三十二课

书房　一间
纸窗　竹几

第三十二課

水盂

墨盒

筆架

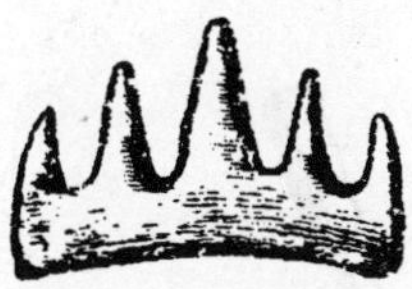

硯池

第三十二课

水盂　墨盒　笔架　砚池

第三十七課

針尖　線長
針與線　可作衣

木杵　石臼
杵與臼　可春米

第三十七课

针尖　线长　针与线　可作衣
木杵　石臼　杵与臼　可春米

第三十八課

斗大 升小

五斗米 三升豆

第三十八课

斗大　升小

五斗米　三升豆

第三十九課

五月五
名端午
石榴花
朵朵紅

第三十九课

五月五　名端午
石榴花　朵朵红

第三十九課

蒲與艾
插門前
蒲葉長
艾葉香

第三十九课

蒲与艾　插门前
蒲叶长　艾叶香

第四十課

夏雨多
田水足
農夫忙
插新秧

第四十课

夏雨多　田水足
农夫忙　插新秧

第四十課

農家婦 送午飯
提小筐 村前行

第四十课

农家妇　送午饭
提小筐　村前行

第四十一課

東西鄰
有二女
一姓張
一姓黃

第四十一课

东西邻　有二女
一姓张　一姓黄

第四十一課

小井旁
同汲水
彼洗菜
此洗衣

第四十一课

小井旁　同汲水
彼洗菜　此洗衣

第四十三課

青草上
有飛螢
隨風來
點點明

第四十三课

青草上　有飞萤
随风来　点点明

第四十三課

長廊下
一女子
手持扇
撲飛螢

第四十三课

长廊下　一女子
手持扇　扑飞萤

第四十四課

米多少
用斗量
布長短
用尺量

第四十四课

米多少　用斗量
布长短　用尺量

第四十四課

米十升
為一斗
布十寸
為一尺

第四十四课

米十升　为一斗
布十寸　为一尺

第四十七課

花園旁
有荷塘
我乘船
去採荷

第四十七课

花园旁　有荷塘
我乘船　去采荷

第四十七課

荷葉綠
荷花紅
微風吹
香滿船

第四十七课

荷叶绿　荷花红
微风吹　香满船

第四十九課

日正午

蜻蜓飛

黑雲起

大雨来

第四十九课

日正午　蜻蜓飞

黑云起　大雨来

第四十九課

雨已晴 夕陽明

柳枝上 有蟬鳴

第四十九课

雨已晴　夕阳明
柳枝上　有蝉鸣

習　練

米粉　柴房　竹枝　木板　暑天　夜半

天熱　汗多　天寒　穿衣

窗前　端坐　温書完　學畫花

微雨晴　天將晚　月已出　照紗窗

春山好　夏雨多　黑雲密　雨點大

草地上　人一隊　分兩排

练　习

米粉　柴房　竹枝　木板　暑天　夜半

天热　汗多　天寒　穿衣

窗前　端坐　温书完　学画花

微雨晴　天将晚　月已出　照纱窗

春山好　夏雨多　黑云密　雨点大

草地上　人一队　分两排

習練

乘小船　入荷塘　水面荷　花正開

子孝父　弟敬兄　兄送妹　去讀書

口中齒　分上下　秧三寸　水一盆

姊招妹　往園中　立花前　撲蜻蜓

風吹柳　柳葉疏　上有蟬　風前鳴

正月中　學堂開　六月中　放假回

练　习

乘小船　入荷塘　水面荷　花正开

子孝父　弟敬兄　兄送妹　去读书

口中齿　分上下　秧三寸　水一盆

姊（姐）招妹　往园中　立花前　扑蜻蜓

风吹柳　柳叶疏　上有蝉　风前鸣

正月中　学堂开　六月中　放假回

第二册

第一課

秋風起　天漸涼
暑假滿　進學堂
課堂開　同學來
讀國文　第二冊

第一课

秋风起　天漸凉
暑假满　进学堂
课堂开　同学来
读国文　第二册

第二課

口中渴　可飲茶

茶葉綠　茶味香

田中人　採西瓜

瓜形圓　瓜味甜

第二课

口中渴　可饮茶

茶叶绿　茶味香

田中人　采西瓜

瓜形圆　瓜味甜

第三課

剪與針　置几上
剪裁布　針縫衣
妹見姊　作女工
取絲線　學穿針

第三课

剪与针　置几上
剪裁布　针缝衣
妹见姊（姐）　作女工
取丝线　学穿针

第四課

河邊柳
山下松
柳條長
松針密

第四课

河边柳　山下松
柳条长　松针密

第四課

水面菱
菱有角

泥中藕
藕有節

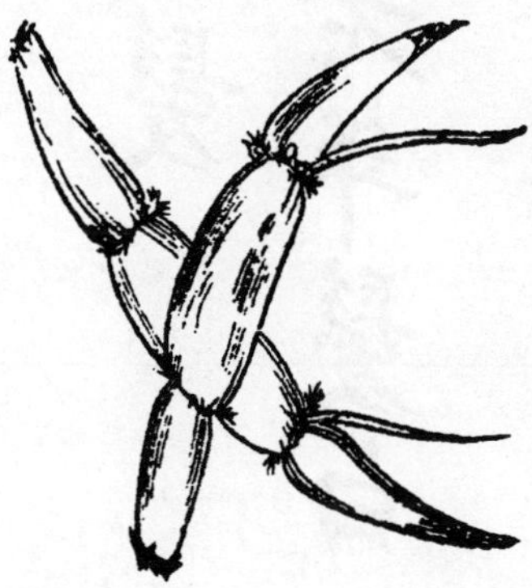

第四课

水面菱　泥中藕
菱有角　藕有节

第七課

頭上生髮

少年髮黑　老年髮白

鼻下有口

食從口入　言從口出

第七课

头上生发　少年发黑　老年发白

鼻下有口　食从口入　言从口出

第八課

門前種槐
枝高葉密
上有鳥巢
紅日既升
羣鳥出巢
飛鳴不已

第八课

门前种槐　枝高叶密　上有鸟巢
红日既升　群鸟出巢　飞鸣不已

第九課

八月十五
中秋佳節
月明如晝

第九课

八月十五　中秋佳节　月明如昼

第九課

桂花已開
涼風徐來
滿院花香

第九课

桂花已开　凉风徐来　满院花香

第十一課

夜半人靜
階下蟋蟀
鳴聲唧唧

第十一课

夜半人静　阶下蟋蟀　鸣声唧唧

第十二課

今日天陰　曉霧漸濃　細雨如絲

天晚雨止　風吹雲散　明月初出

第十二课

今日天阴　晓雾渐浓　细雨如丝
天晚雨止　风吹云散　明月初出

第十三課

燕築巢
居梁上
春日飛來
秋日飛去

第十三课

燕筑巢　居梁上
春日飞来　秋日飞去

課三十第

燕已去
雁南來
高飛成行
形如一字

第十三课

燕已去　雁南来
高飞成行　形如一字

第十四課

外為堂
內為室
可蔽風雨
可禦寒暑

第十四课

外为堂　内为室
可蔽风雨　可御寒暑

第十四課

陸乘車

水乘船

車下有輪　船後有舵

第十四课

陆乘车　水乘船

车下有轮　船后有舵

第十六課

田工畢
村人回
農夫荷鋤
童子牵牛

第十六课

田工毕　村人回
农夫荷锄　童子牵牛

第十六課

日西落

天將晚

飛鳥入林

炊烟四起

第十六课

日西落　天将晚

飞鸟入林　炊烟四起

第十七課

木盆圓
竹竿長
洗衣用盆
晾衣用竿

第十七课

木盆圆　竹竿长
洗衣用盆　晾衣用竿

第二十一課

一女子
持竿釣魚
水中魚
釣絲微動

立池畔
竿頭垂餌
來吞餌
舉竿得魚

第二十一课

一女子　立池畔
持竿钓鱼　竿头垂饵
水中鱼　来吞饵
钓丝微动　举竿得鱼

第二十二課

籬間菊
花盛開
或黃或白
或紅或紫

第二十二课

篱间菊　花盛开
或黄或白　或红或紫

第二十二課

母攜兒

來看花

兒將採花

母急搖手

第二十二课

母携儿　来看花

儿将采花　母急摇手

第二十三課

盤中菜
盌中湯
食菜用箸
飲湯用匙

第二十三课

盘中菜　碗中汤
食菜用箸　饮汤用匙

第二十四課

蝦形長

身有節

入水能游

出水能跳

第二十四课

虾形长　身有节

入水能游　出水能跳

第二十四課

蟹形圓
外有殼
八足二螯
横行沙上

第二十四课

蟹形圆　外有壳

八足二螯　横行沙上

第二十五課

母教女　作手工

剪絨為花　編線為袋

第二十五课

母教女　作手工

剪绒为花　编线为袋

第二十五課

手工完　來習畫

白紙一張　畫花數朵

第二十五课

手工完　来习画

白纸一张　画花数朵

第二十六課

犬逐貓
貓登屋
犬不能上
向貓狂吠

第二十六课

犬逐猫　猫登屋
犬不能上　向猫狂吠

第二十六課

貓逐鼠
鼠入穴
貓伺几下
鼠伏不出

第二十六课

猫逐鼠　鼠入穴
猫伺几下　鼠伏不出

第二十七課

姊妹攜手　出門閒眺
青山高　湖水平
湖上風起　一舟遠來
前挂帆　後搖櫓

第二十七课

姊（姐）妹携手　出门闲眺
青山高　湖水平
湖上风起　一舟远来
前挂帆　后摇橹

第二十八課

面上有目　面旁有耳

目能見　耳能聞

兩手兩足　是為四肢

手指長　足趾短

第二十八课

面上有目　面旁有耳
目能见　耳能闻
两手两足　是为四肢
手指长　足趾短

第二十九課

散學歸　場中遊戲
晚膳畢　燈前温課
姊讀書　字句分明
妹寫字　筆畫端正

第二十九课

散学归　场中游戏
晚膳毕　灯前温课
姊（姐）读书　字句分明
妹写字　笔画端正

第三十課

雨将至　浮雲漸合
雨已晴　夕陽復明
月東上　花影在西
風南來　樹梢向北

第三十课

雨将至　浮云渐合
雨已晴　夕阳复明
月东上　花影在西
风南来　树梢向北

第三十二課

鳥有二翼
故能飛
獸有四足
故善走

第三十二课

鸟有二翼　故能飞
兽有四足　故善走

第三十二課

蝦蟆居陸
又居水
鸚鵡能鳴
又能言

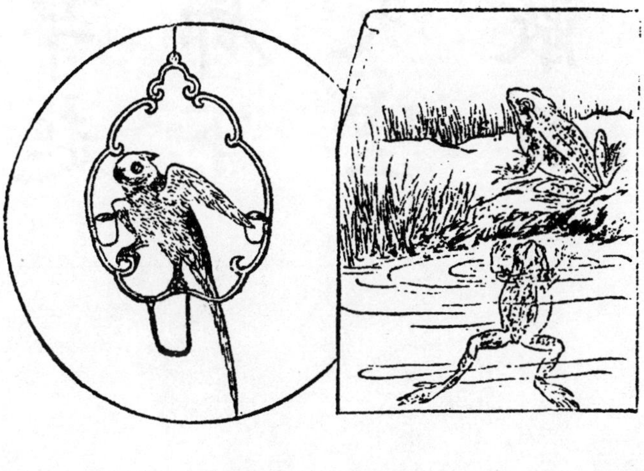

第三十二课

虾蟆居陆　又居水
鹦鹉能鸣　又能言

第三十四課

有人早起
獨立廊下
仰望天空
浮雲蔽日

第三十四课

有人早起　独立廊下　仰望天空　浮云蔽日

第三十四課

風吹梧桐
落葉滿地
手持竹帚
階前掃葉

第三十四课

风吹梧桐　落叶满地　手持竹帚　阶前扫叶

第三十五課

田家畜牛
既能耕田
牛肉可食
其角與皮

牛力甚大
又能挽車
牛乳可飲
可以為器

第三十五课

田家畜牛　牛力甚大
既能耕田　又能挽车
牛肉可食　牛乳可饮
其角与皮　可以为器

第三十六課

鈴聲一鳴　同入講堂
先生上立　學生下坐
鄰家有女　與我同學
朝則偕出　暮則偕歸

第三十六课

铃声一鸣　同入讲堂
先生上立　学生下坐
邻家有女　与我同学
朝则偕出　暮则偕归

第三十七課

彈棉為絮
紡絮為紗
織紗為布
裁布為衣

第三十七课

弹棉为絮　纺絮为纱
织纱为布　裁布为衣

第三十七課

秧長成稻
稻熟成穀
礱穀成米
炊米成飯

第三十七课

秧长成稻　稻熟成谷
砻谷成米　炊米成饭

第三十八課

河畔有鴨
數十成羣
或游水中
或行岸上

第三十八课

河畔有鸭　数十成群
或游水中　或行岸上

第三十八課

籠中畜雞　有雄有雌
雄雞善鳴　雌雞生卵

第三十八课

笼中畜鸡　有雄有雌
雄鸡善鸣　雌鸡生卵

第三十九課

木生山中
千百成林
大木造屋
小木造器

第三十九课

木生山中　千百成林　大木造屋　小木造器

第三十九課

筍老成竹
削竹為篾
編篾為籃
有方有圓

第三十九课

笋老成竹　削竹为篾　编篾为篮　有方有圆

第四十課

今夜天寒
濃霜滿瓦
母縫寒衣
夜半未眠

第四十课

今夜天寒　浓霜满瓦　母缝寒衣　夜半未眠

第四十課

案旁有爐
爐中燒炭
炭火漸紅
一室温煖

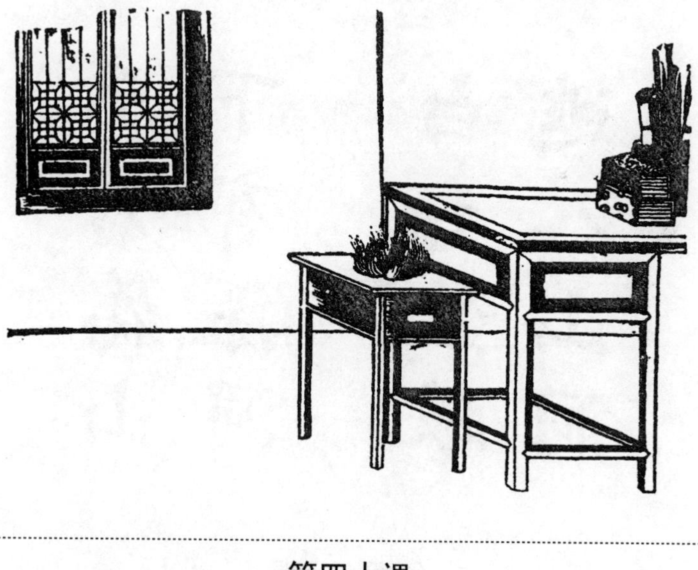

第四十课

案旁有炉　炉中烧炭　炭火渐红　一室温暖

第四十一課

宅後花園　疊石為山　上有小亭　下有深洞

洞口二兔　白毛紅眼　見人遠來　逃入山洞

第四十一课

宅后花园　叠石为山　上有小亭　下有深洞

洞口二兔　白毛红眼　见人远来　逃入山洞

第四十一課

第四十二課

路旁小池 中有清泉
春時水深 冬時水淺
鄉間二女 同來池畔
水中淘米 石上擣衣

第四十二课

路旁小池　中有清泉
春时水深　冬时水浅
乡间二女　同来池畔
水中淘米　石上捣衣

第四十三課

寒霜既下　樹葉盡黃
松柏耐寒　四時常綠

樵夫攜斧　入山採柴
夕陽既下　擔柴回家

第四十三课

寒霜既下　树叶尽黄
松柏耐寒　四时常绿

樵夫携斧　入山采柴
夕阳既下　担柴回家

第四十四課

飢則思食
食飯止飢
铺棉作衣
衣穿身上

渴則思飲
飲茶解渴
裁布作裙
裙束腰間

第四十四课

饥则思食　渴则思饮
食饭止饥　饮茶解渴
铺棉作衣　裁布作裙
衣穿身上　裙束腰间

第四十五課

長兄遠行
妹居家中
一年將盡
妹寫家書

久在他鄉
思兄無已
兄未歸家
問兄安否

第四十五课

长兄远行　久在他乡
妹居家中　思兄无已
一年将尽　兄未归家
妹写家书　问兄安否

第四十六課

蠟梅一株
高與檐齊
冬日開花
清香撲鼻

第四十六课

蜡梅※一株　高与檐齐
冬日开花　清香扑鼻

※蜡梅：是蜡梅科蜡梅属植物，落叶灌木，常丛生，叶对生，近革质。别名黄金茶、黄梅、黄梅花、金梅、腊梅、蜡花、蜡梅花、腊木、麻木紫、石凉茶、唐梅、香梅、香木。现在“蜡梅”“腊梅”通用。

第四十六課

黃昏月出

花前散步

人影在地

花影在牆

第四十六课

黄昏月出　花前散步

人影在地　花影在墙

第四十七課

瓦屋數間
前為客堂
牆外狗吠
我父下階

四面短牆
後為臥室
客來敲門
開門迎客

第四十七课

瓦屋数间　四面短墙
前为客堂　后为卧室
墙外狗吠　客来敲门
我父下阶　开门迎客

第四十八課

日出天明
作事有時
水冷結冰
冬日有冰

日沒天暗
事畢遊息
冰熱化水
夏日無冰

第四十八课

日出天明　日没天暗
作事有时　事毕游息
水冷结冰　冰热化水
冬日有冰　夏日无冰

第四十九課

北風大起
雪花亂飛
登樓遠望
一片白色

第四十九课

北风大起　雪花乱飞
登楼远望　一片白色

第四十九課

大雪初霽
朝日微紅
檐前冰箸
墮地有聲

第四十九课

大雪初霁　朝日微红
檐前冰箸　堕地有声

第五十課

一年之中　分為四季
曰春曰夏　曰秋曰冬
每季之中　各有三月
春暖夏熱　秋涼冬冷

第五十课

一年之中　分为四季
曰春曰夏　曰秋曰冬
每季之中　各有三月
春暖夏热　秋凉冬冷

第三册

第三課　姊弟

姊從學校歸　進見父母

其幼弟　在母懷中

見姊而笑　張兩手

呷啞欲語　姊乃抱之

戲於窗前

第三课　姊（姐）弟

姊（姐）从学校归　进见父母

其幼弟　在母怀中

见姊（姐）而笑　张两手　咿呀欲语

姊（姐）乃抱之

戏于窗前

第四課　布

以棉織布　為棉布
以麻織布　為麻布
二者皆可製衣
天氣熱　宜用麻布
天氣寒　宜用棉布

第四课　布

以棉织布　为棉布
以麻织布　为麻布
二者皆可制衣
天气热　宜用麻布
天气寒　宜用棉布

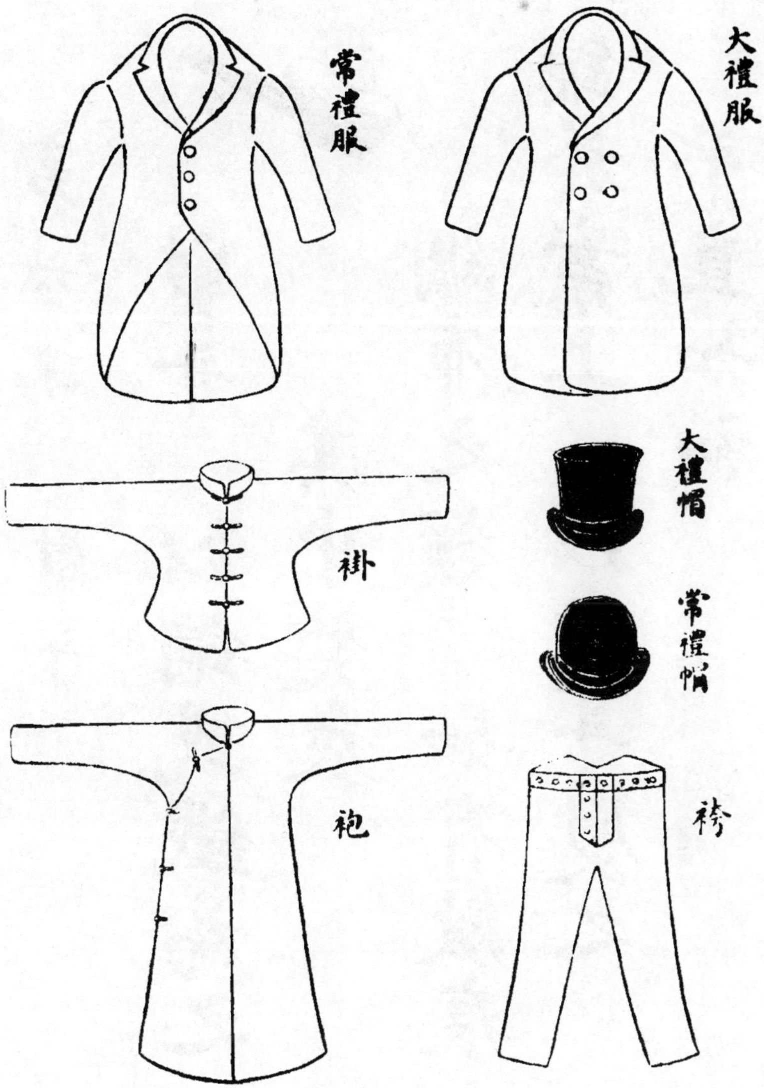

大礼服　大礼帽　常礼帽　袴（裤）　常礼服
褂　袍

第六課 熨斗

熨斗 以銅或鐵為之 其中焚炭 綢布之類 如有皺痕 鋪於案上 以熨斗熨之 平直如初

第六课 熨斗

熨斗　以铜或铁为之　其中焚炭

绸布之类　如有皱痕　铺于案上　以熨斗熨之　平直如初

第八課 舟行

河上二舟 一去一來

去舟風順

桅上張帆 其行速

來舟風逆

以槳撥水 其行緩

第八课 舟行

河上二舟　一去一来

去舟风顺　桅上张帆　其行速

来舟风逆　以桨拨水　其行缓

第九課　漁翁

久雨不止　河中水滿　游魚往來
一漁翁　鬚眉皆白
披蓑衣　戴箬帽
獨坐河畔　張網捕魚

第九课　渔翁

久雨不止　河中水满　游鱼往来
一渔翁　须眉皆白
披蓑衣　戴箬帽
独坐河畔　张网捕鱼

第十課　金魚

有玻璨缸　中畜金魚　上浮水草

一小兒　立缸畔　見金魚掉尾而游　時上時下

第十课　金鱼

有玻璃缸　中畜金鱼　上浮水草

一小儿　立缸畔　见金鱼掉尾而游　时上时下

第十一課　筍

近村有竹林　每至春時　林中生筍　初出土　其端甚鋭

第十一课　笋

近村有竹林　每至春时　林中生笋　初出土　其端甚锐

有籜裹之　及長　籜解

漸生枝葉　遂成新竹

有箨裹之　及长　箨解　渐生枝叶　遂成新竹

第十二課　蝴蝶

姊妹同遊公園
見蝴蝶飛於花前
妹欲撲之　姊曰
蝶翅之粉有毒
能傷目　不可撲也

第十二课　蝴蝶

姊（姐）妹同游公园　见蝴蝶飞于花前　妹欲扑之　姊（姐）曰　蝶翅之粉有毒　能伤目　不可扑也

第十三課　茶

村旁小山　徧栽茶樹　高下成行　清明前後　茶樹發芽　村中女　攜小筐　約鄰家姊妹　上山採茶

第十三课　茶

村旁小山　遍栽茶树　高下成行　清明前后　茶树发芽　村中女　携小筐　约邻家姊（姐）妹　上山采茶

第十五課　獸

走獸之屬　皆有四足

其居山野之間者　謂之野獸

其馴者　為人所飼　則謂之家畜

第十五课　兽

走兽之属　皆有四足
其居山野之间者　谓之野兽
其驯者　为人所饲　则谓之家畜

熊　豹　虎
鹿　猴　狼　狮　鼠　象
驴　兔　山羊　绵羊
骆驼　猫　猪　马
狗　牛

第十六課　指甲

手有五指　指端有甲　所以護指也　甲過長　則作事不便　其中又易藏垢　故宜常剪之

第十六课　指甲

手有五指　指端有甲　所以护指也　甲过长　则作事不便　其中又易藏垢　故宜常剪之

第十七課　風車

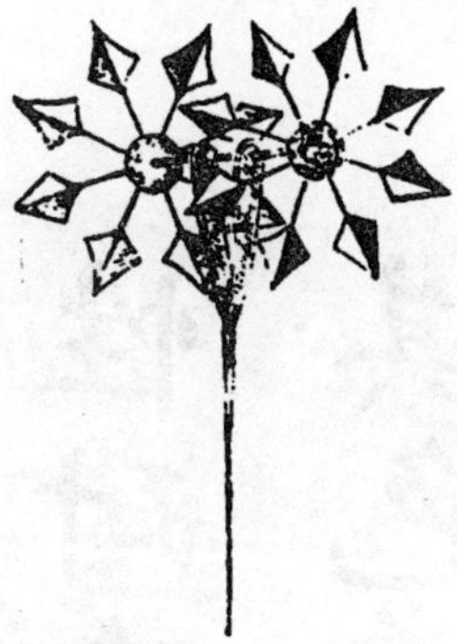

汪女幼而慧　好學手工　一日　剪彩紙　削竹籤　製風車一　插於窗前　風吹車動　旋轉不已

第十七课　风车

汪女幼而慧　好学手工　一日　剪彩纸　削竹签　制风车一　插于窗前　风吹车动　旋转不已

第十九課　松

松　大樹也　多生山中　葉狀似針　性耐冷　雖至冬日　其色常青　幹長而巨　亦可以造屋　可以造橋

第十九课　松

松　大树也　多生山中　叶状似针　性耐冷　虽至冬日　其色常青　干长而巨　亦可以造屋　可以造桥

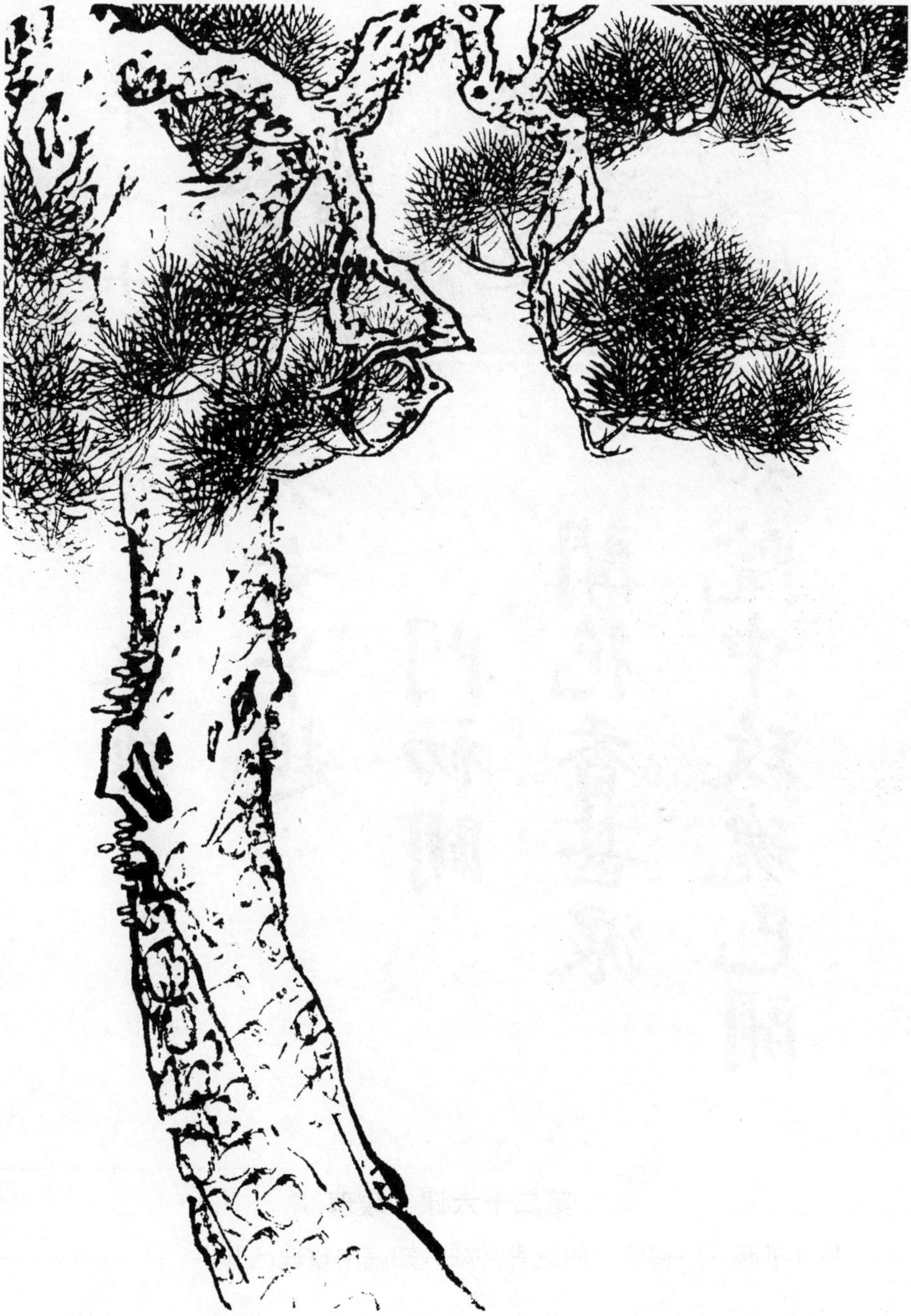

第二十六課　玫瑰

吴女早起　門初闢　聞花香甚濃　知院中玫瑰已開

第二十六课　玫瑰

吴女早起　门初辟　闻花香甚浓　知院中玫瑰已开

乃至花前
採花數朶
置小筐中
攜贈鄰女
鄰女受而謝之

乃至花前　采花数朵　置小筐中　携赠邻女　邻女受而谢之

第二十七課　教弟

王女有弟　尚未入學　晚餐後　立案旁　觀姊溫書　見書中有畫　指以問姊　姊為之詳解　弟乃大喜

第二十七课　教弟

王女有弟　尚未入学　晚餐后　立案旁　观姊（姐）温书　见书中有画　指以问姊（姐）　姊（姐）为之详解　弟乃大喜

第二十八課　櫻桃

園中櫻桃　四月始熟　其色鮮紅　女入園中　採櫻桃數枚　與弟妹分食之　核小漿多　其味極甘

第二十八课　樱桃

园中樱桃　四月始熟　其色鲜红　女入园中　采樱桃数枚　与弟妹分食之　核小浆多　其味极甘

第二十九課　麥

四五月之間　大麥先熟　小麥後熟　熟時　農夫持鐮刀

第二十九课　麦

四五月之间　大麦先熟　小麦后熟　熟时　农夫持镰刀

入田刈之
打於場中
既畢
磨之成粉
可以製麪
又可製糕餅之屬

入田刈之　打于场中　既毕　磨之成粉　可以制面　又可制糕饼之属

第三十課 羣雀

斜陽將下 農夫還家

小雀一羣 紛集場上

覓食餘粒 數童子立門前

拍手噪逐之 雀聞人聲

散入林中

第三十课 群雀

斜阳将下　农夫还家

小雀一群　纷集场上　觅食余粒

数童子立门前　拍手噪逐之

雀闻人声　散入林中

第三十一課　馴犬

彭君有犬　甚馴

每出　犬必隨行

每食　犬常依其旁

一日方食　彭君以箸夾骨

第三十一课　驯犬

彭君有犬　甚驯　每出　犬必随行　每食　犬常依其旁　一日方食　彭君以箸夹骨

呼曰

立

犬起立如人

骨落

犬張口受之

呼曰　立　犬起立如人　骨落　犬张口受之

第三十四課　鞦韆

鞦韆架　豎二木為柱　高丈餘　上架橫梁　梁下垂二繩　繩端繫小板　人立板上　兩手握繩而盪之　漸盪漸高　往還不已

第三十四课　秋千

秋千架　竖二木为柱　高丈余　上架横梁　梁下垂二绳　绳端系小板　人立板上　两手握绳而荡之　渐荡渐高　往还不已

第三十五課　螢

螢　飛蟲也　生於卑溼之地　腹後有光　天既晚　每見水邊草上有微光閃爍　去來無定　即螢光也

第三十五课　萤

萤　飞虫也　生于卑湿之地　腹后有光　天既晚　每见水边草上有微光闪烁　去来无定　即萤光也

第三十六課　蠅食蜜

案上有瓷瓶　貯蜜其中　羣蠅爭來食蜜　一蠅貪食不已　足為蜜膠　不能脫　羣蠅見之　皆飛去　貪食之蠅　遂死蜜中

第三十六课　蝇食蜜

案上有瓷瓶　贮蜜其中　群蝇争来食蜜　一蝇贪食不已　足为蜜胶不能脱　群蝇见之　皆飞去　贪食之蝇　遂死蜜中

第三十七課　清潔

賈女蓬首垢面　衣服汙穢　居室之中　亦甚不潔　其同學謂之曰　養生之道　清潔為要　汙穢不去　則易致疾也

第三十七课　清洁

贾女蓬首垢面　衣服污秽　居室之中　亦甚不洁　其同学谓之曰　养生之道　清洁为要　污秽不去　则易致疾也

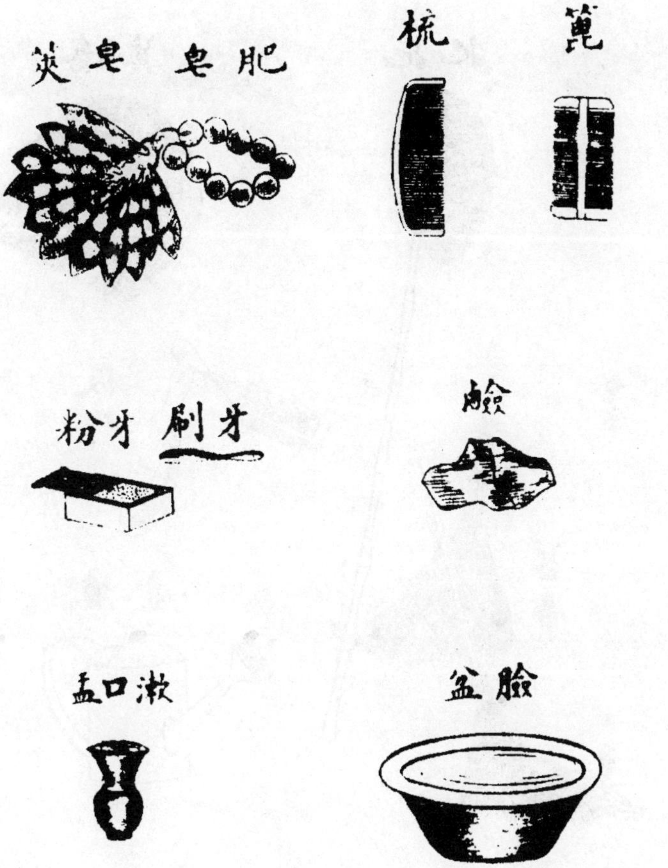

蓖　梳　肥皂　皂荚
硷　牙刷　牙粉
脸盆　漱口盂

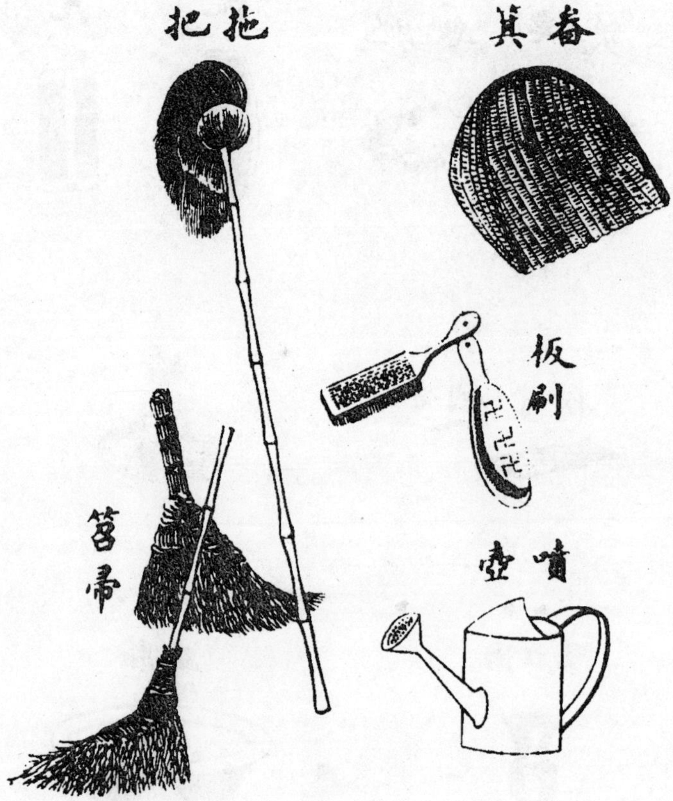

畚（běn）箕（簸箕）　拖把
板刷　喷壶　笤帚

第三十八課　洗衣

嫂洗衣　小姑詢其故　嫂曰　人之衣服　易積垢穢　故宜常洗　小姑聞言　乃取所攜手巾　就盆中洗之

第三十八课　洗衣

嫂洗衣　小姑询其故　嫂曰　人之衣服　易积垢秽　故宜常洗　小姑闻言　乃取所携手巾　就盆中洗之

第三十九課

鸚鵡

家中畜鸚鵡

白毛紅嘴

能學人言

第三十九课　鹦鹉

家中畜鹦鹉　白毛红嘴　能学人言

一日　有貓緣柱而上　舉爪將攫之　鸚鵡驚呼曰　貓來貓來　家人聞聲趨至　貓見人　乃急遁去

一日　有猫缘柱而上　举爪将攫之　鹦鹉惊呼曰　猫来猫来　家人闻声趋至　猫见人　乃急遁去

第四十課　荷花

池中種荷　夏日開花　或紅或白　沈女晨起　母命往池畔　採花入室　插瓷瓶中

第四十课　荷花

池中种荷　夏日开花　或红或白　沈女晨起　母命往池畔　采花入室　插瓷瓶中

注水養之　供於几上
時聞清香

注水养之　供于几上　时闻清香

第四十二課　夏雨

夏日大熱

午後　黑雲起於西方　電光四射　雷聲震耳　大雨驟至

傍晚　雨止雲散　涼風吹來　暑氣漸減

第四十二课　夏雨

夏日大热

午后　黑云起于西方　电光四射　雷声震耳　大雨骤至

傍晚　雨止云散　凉风吹来　暑气渐减

第四十三課　蜻蜓

雷雨之前　有蜻蜓成羣　飛於空際　倏往倏來　覓小蟲食之　童子捕其一　視之　六足四翅　身有節　能屈曲

第四十三课　蜻蜓

雷雨之前　有蜻蜓成群　飞于空际　倏往倏来　觅小虫食之　童子捕其一　视之　六足四翅　身有节　能屈曲

第四十四課　蜘蛛

蜘蛛在檐下結網　網既成　一蜻蜓飛過　誤觸網中　有小兒見之　持長竿挑網　網破　蜻蜓乃得飛去

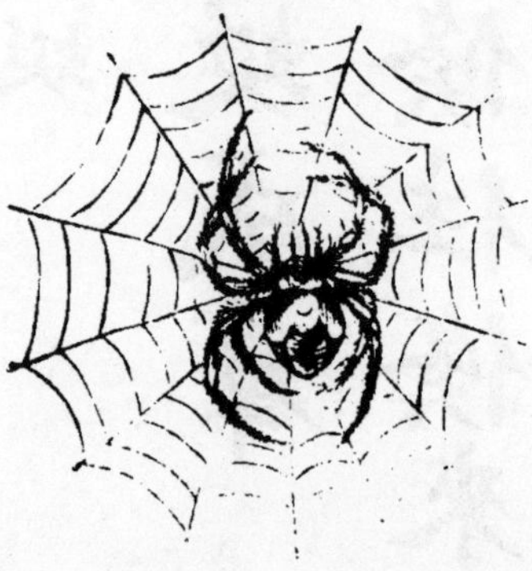

第四十四课　蜘蛛

蜘蛛在檐下结网　网既成　一蜻蜓飞过　误触网中
有小儿见之　持长竿挑网　网破　蜻蜓乃得飞去

第四十五課　李母

李二曲　家貧　無力從師
其母自教之　母子相依
或一日不再食
或連日不舉火　母教子不倦
二曲卒成名儒

第四十五课　李母

李二曲　家贫　无力从师　其母自教之　母子相依　或一日不再食　或连日不举火　母教子不倦　二曲卒成名儒

第四十六課

納涼

晚餐之後

明月将出

涼風入户

第四十六课　纳凉

晚餐之后　明月将出　凉风入户

母攜女　來院中
同坐納涼　母講故事
女在旁聽之
手中揮扇　為母驅蚊
樂而忘倦

母携女　来院中　同坐纳凉　母讲故事　女在旁听之　手中挥扇　为母驱蚊　乐而忘倦

第四十七課　蛙

蛙初生時　名曰蝌蚪　頭圓尾長　恒居水中　及長　則尾脱足生　始成蛙　能跳能游　又善鳴　其聲閣閣　晝夜不絶

第四十七课　蛙

蛙初生时　名曰蝌蚪　头圆尾长　恒居水中

及长　则尾脱足生　始成蛙　能跳能游　又善鸣　其声阁阁　昼夜不绝

第四册

第四課　小井

小井無欄　姊攜桶
來汲水　弟行近井旁
欲俯觀之
姊揮手令去　曰
井水深　苟溺其中
將不能出　汝年幼　恐失足也

第四课　小井

小井无栏　姊（姐）携桶　来汲水　弟行近井旁　欲俯观之　姊（姐）挥手令去　曰　井水深　苟溺其中　将不能出　汝年幼　恐失足也

第六課　採菱

小村之旁　有菱塘　廣約半畝　塘水澄清
夏秋之間　菱初熟　浮於水上　或青或紅
村中女子　邀鄰伴　划小舟　同去採菱

第六课　采菱

小村之旁　有菱塘　广约半亩　塘水澄清
夏秋之间　菱初熟　浮于水上　或青或红
村中女子　邀邻伴　划小舟　同去采菱

第七課　早起

章女貪眠　晨起常遲　不能依時入學　師曰　人能早起　則精神自健　作事不倦　汝今晏起　廢時失學　不可不戒也

第七课　早起

章女贪眠　晨起常迟　不能依时入学

师曰　人能早起　则精神自健　作事不倦　汝今晏起　废时失学　不可不戒也

第八課　讀書

飛禽走獸　飢知食　渴知飲　又知營巢穴　以避風雨　其奇者　能效人言　惟不知書　故不如人　人不讀書　則與禽獸何異

第八课　读书

飞禽走兽　饥知食　渴知饮　又知营巢穴　以避风雨　其奇者　能效人言　惟不知书　故不如人　人不读书　则与禽兽何异

第九課 蟋蟀

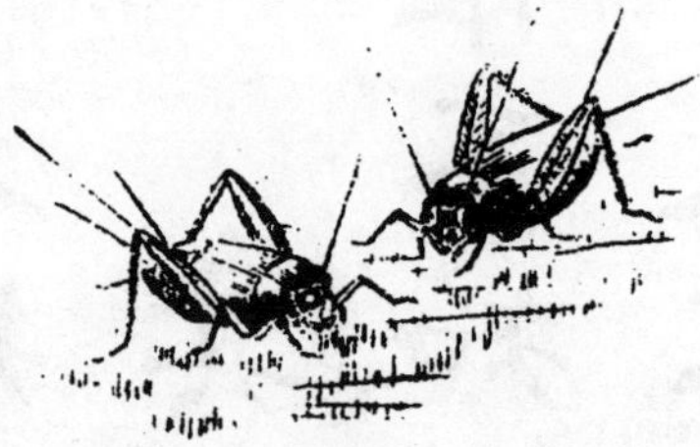

蟋蟀一名促織　至秋則鳴　鄉間農婦　每聞其聲　則知氣候將寒　各勤紡織　以備寒衣　故諺曰　促織鳴　懶婦驚

第九课　蟋蟀

蟋蟀　一名促织　至秋则鸣　乡间农妇　每闻其声　则知气候将寒　各勤纺织　以备寒衣　故谚曰　促织鸣　懒妇惊

第十課　衣服

袁女入學　徧體綢衣　然襟前袖底　汙痕甚多

師戒之曰　人之衣服　當求清潔　不必華美　若綢衣而汙　不如布衣而潔也

第十课　衣服

袁女入学　遍体绸衣　然襟前袖底　污痕甚多

师戒之曰　人之衣服　当求清洁　不必华美　若绸衣而污　不如布衣而洁也

第十一課　借物

俞母為女裁衣　向鄰家借尺　用畢　命女往還之　女方嬉戲　不願行　母催之速往　曰　他人常用之物　不宜久借　故用後宜亟還之

第十一课　借物

俞母为女裁衣　向邻家借尺　用毕　命女往还之　女方嬉戏　不愿行　母催之速往　曰　他人常用之物　不宜久借　故用后宜亟还之

第十二課　器具

人居室中　飲食坐臥
皆需器具　惟匠人之造器
勞心力　費時日　其成不易
用器之人　應知愛惜
不可任意毀傷也

第十二课　器具

人居室中　饮食坐卧　皆需器具　惟匠人造器　劳心力　费时日　其成不易　用器之人　应知爱惜　不可任意毁伤也

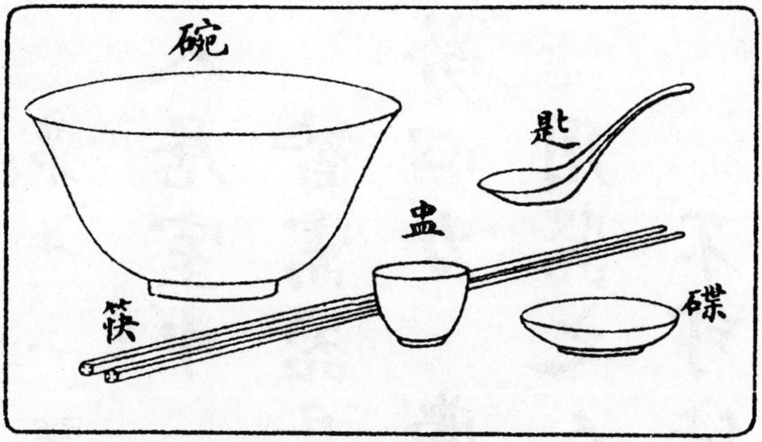

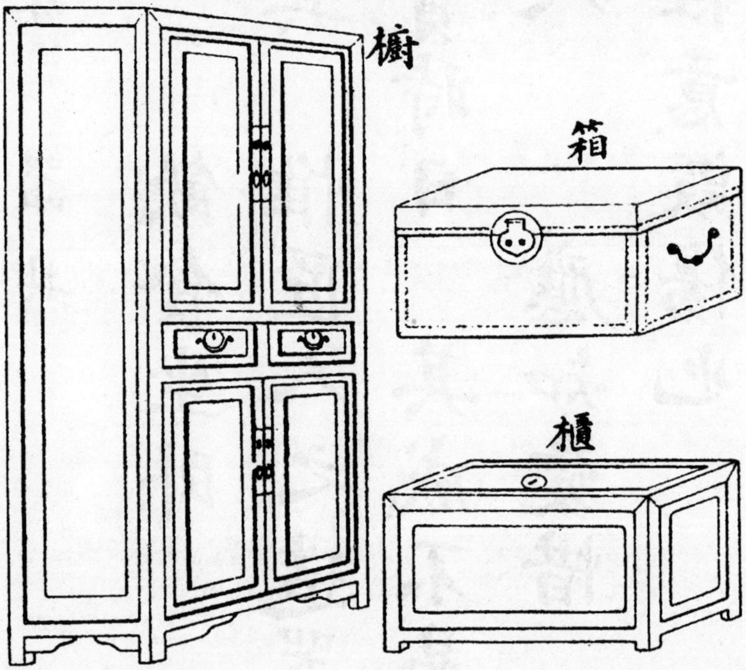

碗　匙　碟　盅　筷
箱　柜　橱

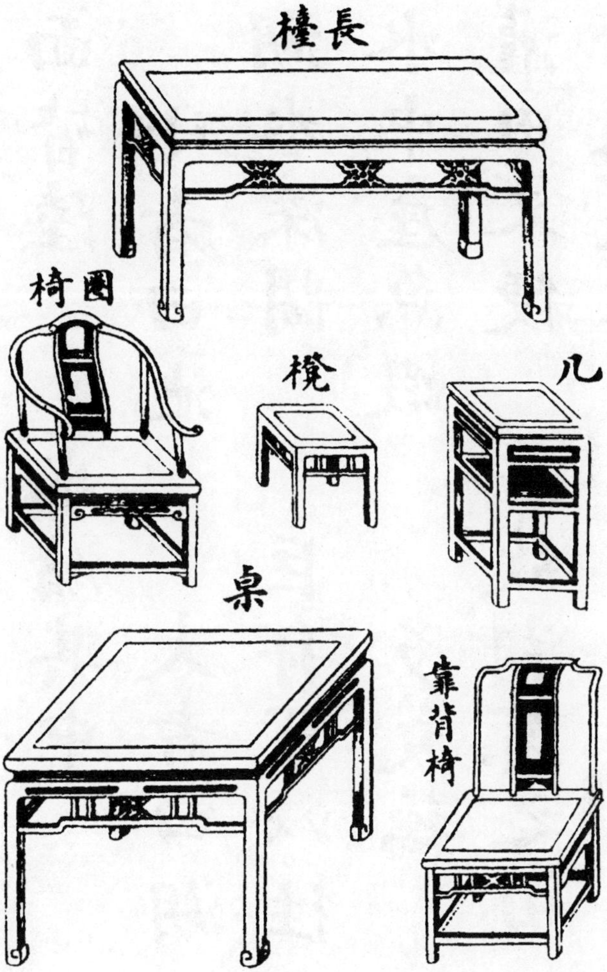

长台
几　凳　圈椅
靠背椅　桌

第十三課 湖

四面皆陸 水瀦其中

小者曰池 大者曰湖

湖水深闊 巨舟可以往來

水中產魚蝦 多菱藕

而灌田又便 故湖濱之田

收穫恆豐

第十三课　湖

四面皆陆　水潴其中　小者曰池　大者曰湖

湖水深阔　巨舟可以往来

水中产鱼虾　多菱藕　而灌田又便

故湖滨之田　收获恒丰

第十五課　桂花糖

中秋前後　庭桂盛開　家中婦女　採其花　漬以糖　封於瓶中　不令透氣　雖經久而香甚烈　以和食物　洵佳品也

第十五课　桂花糖

中秋前后　庭桂盛开　家中妇女　采其花　渍以糖　封于瓶中　不令透气　虽经久而香甚烈　以和食物　洵佳品也

第十七課

米

農夫種稻

手足勤勞

歷春夏秋三時

始得粟

第十七课　米

农夫种稻　手足勤劳　历春夏秋三时　始得粟

又用礱去穀
用臼去糠
始成白米
然後炊之釜中
或為飯　或為粥
食者當念其不易也

又用砻去壳　用臼去糠　始成白米　然后炊之釜中　或为饭　或为粥　食者当念其不易也

第十八課　果園

吾家有園　徧種果樹　培壅甚勤
春夏閒　先後開花　花落結果　纍纍滿樹
及秋果熟　摘而食之　較買諸市中者　味尤甘美

第十八课　果园

吾家有园　遍种果树　培壅甚勤
春夏间　先后开花　花落结果　累累满树
及秋果熟　摘而食之　较买诸市中者　味尤甘美

第十九課　畫竹

窗外修竹幾竿　紅日初上　竹影滿窗　一女坐窗前　取素紙　鋪案上　濡毫和墨　畫竹一枝　既成　黏於壁上　其狀如生

第十九课　画竹

窗外修竹几竿　红日初上　竹影满窗
一女坐窗前　取素纸　铺案上　濡毫和墨　画竹一枝
既成　黏于壁上　其状如生

第二十二課　車

陸行用車
車有輪
其形圓
軸貫其中
故能旋轉

第二十二课　车

陆行用车　车有轮　其形圆　轴贯其中　故能旋转

大車之制
用轅駕騾馬
御者坐車前
執鞭驅之
小車則用人力
或推之
或輓之

大车之制　用辕驾骡马　御者坐车前　执鞭驱之
小车则用人力　或推之　或挽之

第二十三課　妝飾

周女好妝飾　不習女工　母謂女曰　人生於世　當有職業　今裁縫紡織　汝皆不能　是無用之人也　妝飾雖美　徒為他人輕視耳

第二十三课　妆饰

周女好妆饰　不习女工　母谓女曰　人生于世　当有职业　今裁缝纺织　汝皆不能　是无用之人也　妆饰虽美　徒为他人轻视耳

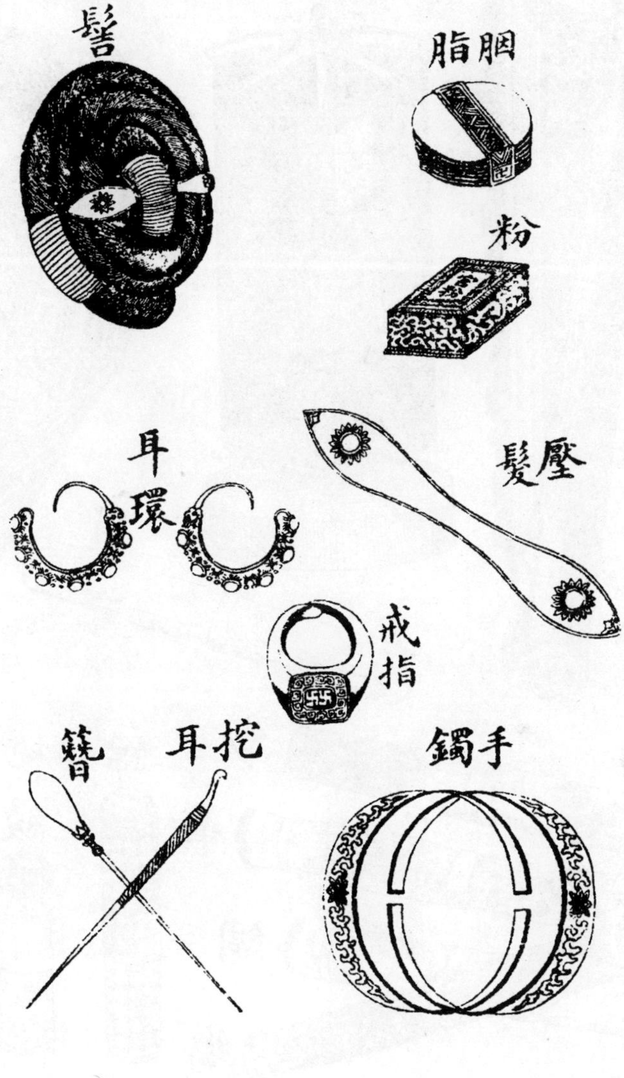

胭脂　粉　髻

压发　耳环　戒指

手镯　挖耳　簪

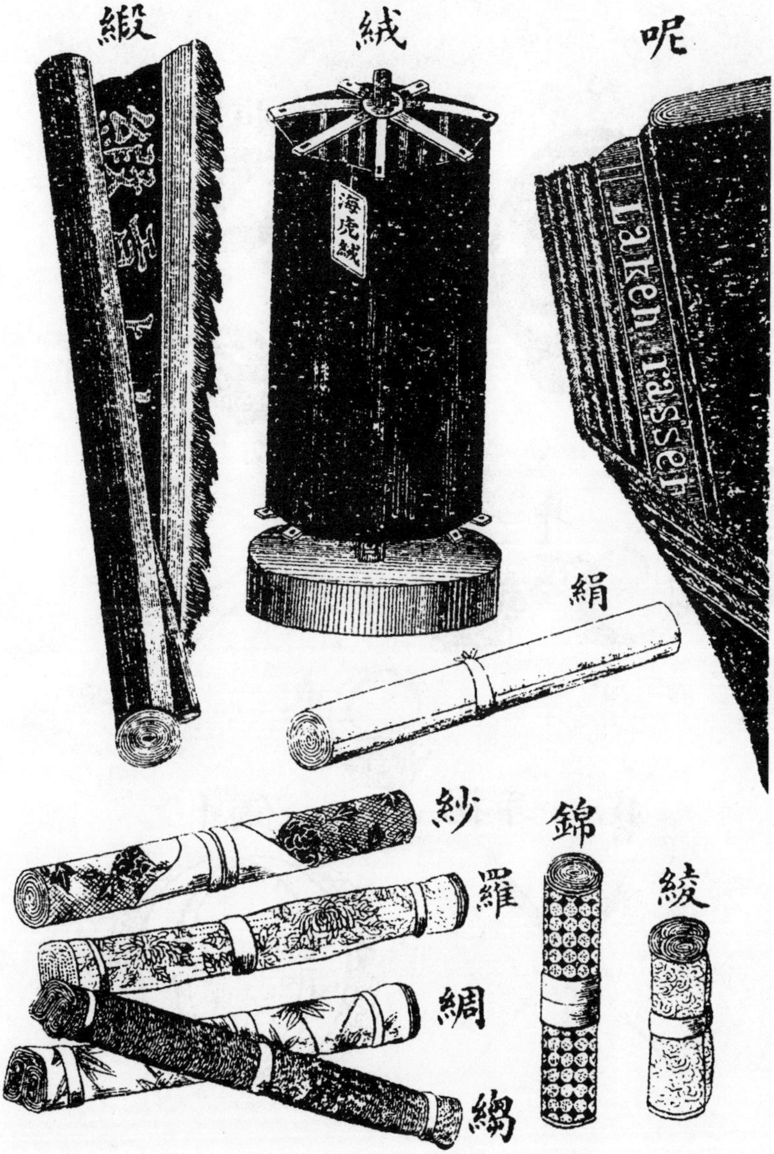

呢 绒 缎

绢 绫 锦 纱 罗 绸 绉

第二十四課 父母之恩

人初生時 飢不能自食 寒不能自衣 父母乳哺之 懷抱之 有疾 則為延醫診治 及年稍長 又使入學 其勞苦如此 為子女者 豈可忘其恩乎

第二十四课 父母之恩

人初生时 饥不能自食 寒不能自衣 父母乳哺之 怀抱之 有疾 则为延医诊治 及年稍长 又使入学 其劳苦如此 为子女者 岂可忘其恩乎

第二十五課

鴉

鴉渴甚
見有水瓶
在庭中
欲飲之

第二十五课　鸦

鸦渴甚　见有水瓶　在庭中　欲饮之

瓶深水淺
鴉竭力伸喙
仰首若有所思
銜小石至
往返十餘次
鴉遂得飲

卒不得飲
遽飛去
擲瓶中
石積水升

瓶深水浅　鸦竭力伸喙　卒不得饮　仰首若有所思　遽飞去　衔小石至　掷瓶中　往返十余次　石积水升　鸦遂得饮

第二十六課　吉凶

鴉鳴樹上　兒叱之　父曰　是何害　兒曰　嘗聞人言　鵲鳴吉　鴉鳴凶　今鳴者鴉也　故叱之　父曰　鳥之智識

第二十六课　吉凶

鸦鸣树上　儿叱之　父曰　是何害　儿曰　尝闻人言　鹊鸣吉　鸦鸣凶　今鸣者鸦也　故叱之　父曰　鸟之智识

遠不如人　吉凶之事
人尚不能預知
況鳥乎

远不如人　吉凶之事　人尚不能预知　况鸟乎

第二十七課 小鳥

鷹撲小鳥 傷其翼 墜於庭前 女見之 捕置籠中 以米粒飼之 以清水飲之

第二十七课 小鸟

鹰扑小鸟　伤其翼　坠于庭前　女见之　捕置笼中　以米粒饲之　以清水饮之

數日傷愈
女攜籠
立階上
啟其門
縱鳥出籠
小鳥乃振翼飛去

数日伤愈　女携笼　立阶上　启其门　纵鸟出笼　小鸟乃振翼飞去

第二十八課　愛姊

姊妹相愛　食必同案

遊必偕行　一日

姊病熱　畏風　卧帳中

妹憂之　忽憶姊甚愛花

庭中芙蓉初開

第二十八课　爱姊（姐）

姊（姐）妹相爱　食必同案　游必偕行

一日　姊（姐）病热　畏风　卧帐中　妹忧之　忽忆姊（姐）甚爱花　庭中芙蓉初开

遂請於母 折一枝 插瓶中 捧之入室 姊見花 愛玩不已

遂请于母　折一枝　插瓶中　捧之入室　姊（姐）见花　爱玩不已

第二十九課　圍巾

天氣漸寒　陳女啟箱　揀絨繩　織圍巾兩條　既成　以其一與妹　謂之曰　此巾為絨繩所製　嚴寒之時　圍於頸上　足以禦寒

第二十九课　围巾

天气渐寒　陈女启箱　拣绒绳　织围巾两条　既成　以其一与妹　谓之曰　此巾为绒绳所制　严寒之时　围于颈上　足以御寒

第三十課　家信

母刺繡　女侍坐於旁　有送信來者　母拆封閱畢　謂女曰　此汝姊之信也　姊甚憶汝　汝試讀之　女取信　且閱且讀　有不知者　則以問母　遂解信中之意

第三十课　家信

母刺绣　女侍坐于旁　有送信来者　母拆封阅毕　谓女曰　此汝姊（姐）之信也　姊（姐）甚忆汝　汝试读之　女取信　且阅且读　有不知者　则以问母　遂解信中之意

父母親大人膝前敬稟者初六 日寄呈
一稟計邀
慈鑒日來家中想都安好二妹入學
已年餘功課當有進步 女甚憶之
手工所用絨繩今已購就得便即
寄呈也餘言再稟敬請
福安 女佩萱謹稟 十月十六日
二妹問好

父母亲大人膝前敬禀者初六　日寄呈

　　一禀计邀　慈鉴日来家中想都安好　二妹入学已年余　功课当有进步　女甚忆之　手工所用绒绳　今已购就　得便即寄呈也　余言再禀敬请

福安

　　二妹问好

女佩萱　谨禀　十月十六日

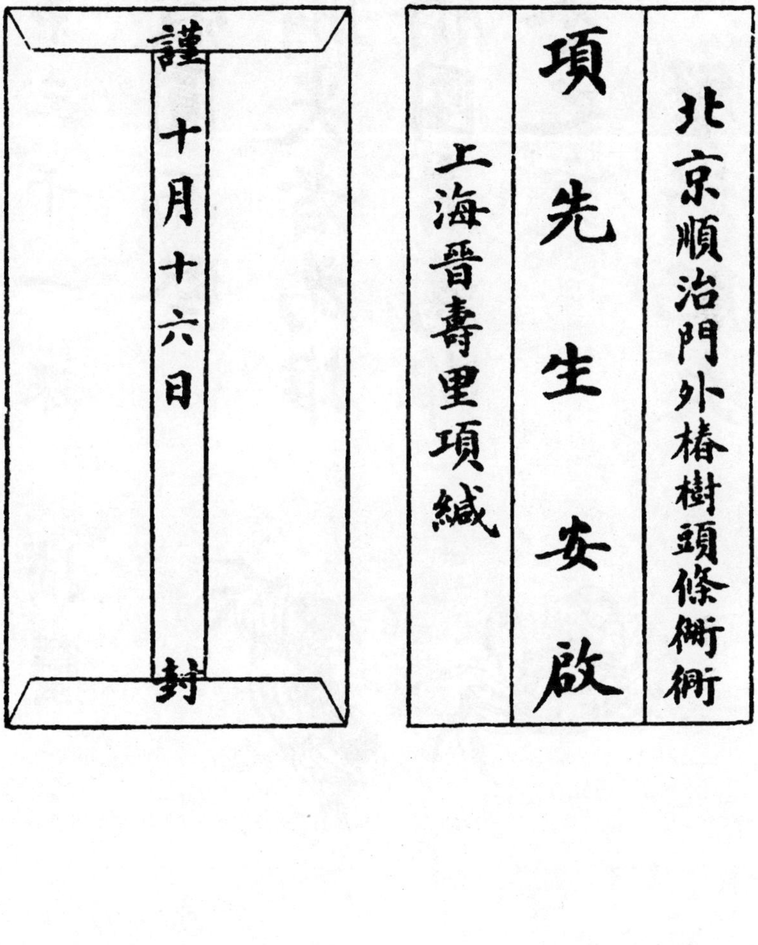

北京顺治门外椿树头条胡同

项　先　生　安启

上海晋寿里　项缄

十月十六日　　　　　　谨封

第三十一課　捕蟹

蟹殼圓而堅　臍尖者為雄　臍團者為雌　秋冬之交　蟹漸肥大

第三十一课　捕蟹

蟹壳圆而坚　脐尖者为雄　脐团者为雌　秋冬之交　蟹渐肥大

捕者編竹為籪
屈曲圍水中
夜間懸燈以誘之
蟹見燈光
則羣集於籪
乃就捕之

捕者编竹为簖　屈曲围水中　夜间悬灯以诱之　蟹见灯光　则群集于簖　乃就捕之

第三十四課　縫衣

蔡女獨坐縫衣　鄰女掀簾入　蔡大喜　曰　寒天將至　冬衣未全　姊來甚佳　如無事　乞助我　鄰女許諾　乃取線穿針　同坐縫之　及衣成　始辭去

第三十四课　缝衣

蔡女独坐缝衣　邻女掀帘入　蔡大喜　曰　寒天将至　冬衣未全　姊（姐）来甚佳　如无事　乞助我　邻女许诺　乃取线穿针　同坐缝之　及衣成　始辞去

第三十五課　染布

母立廊下　染布一匹
女在其旁　見盆中白布
漸變青色　怪之　母曰
布本白色　可以他色染之
今水中有靛青　用之染布
故成青布也

第三十五课　染布

母立廊下　染布一匹　女在其旁　见盆中白布　渐变青色　怪之　母曰　布本白色　可以他色染之　今水中有靛青　用之染布　故成青布也

第三十六課 醃菜

寒霜屢降　園菜漸肥　取而曝之　俟略乾　置缸中　醃以鹽　旬餘　便可取食　若藏之於甕　泥封其口　則留至明年春夏間　猶可食也

第三十六课　腌菜

寒霜屡降　园菜渐肥　取而曝之　俟略干　置缸中　腌以盐　旬余便可取食　若藏之于瓮　泥封其口　则留至明年春夏间　犹可食也

第三十七課　賣菜

鄉人某　種菜為業　每日晨起　擔菜兩筐　入市中　沿街喚賣　人因其索價不二　菜又肥美　故爭買之　鄉人得錢　易布與米　一家衣食　得以無缺

第三十七课　卖菜

乡人某　种菜为业　每日晨起　担菜两筐　入市中　沿街唤卖　人因其索价不二　菜又肥美　故争买之　乡人得钱　易布与米　一家衣食　得以无缺

第三十八課

黄豆

黄豆夏初下種
莖高數尺
及秋
開白花

第三十八课　黄豆

黄豆夏初下种　茎高数尺　及秋　开白花

莢長寸餘 含豆二三 其初色青 後漸黃 為用最大 或榨油 或造醬 其所餘渣滓 既可飼畜 又可肥田

荚长寸余　含豆二三　其初色青　后渐黄　为用最大　或榨油　或造酱
其所余渣滓　既可饲畜　又可肥田

第三十九課　鄉婦

鄉婦初入城　將赴戚家　不識途　彷徨道左　于女見之　詢知其故　曰　此吾鄰家也　乃導之行　及至　即辭去　鄰人留之坐　女曰　時已晚　家人盼我歸　不敢留也

第三十九课　乡妇

乡妇初入城　将赴戚家　不识途　彷徨道左　于女见之　询知其故曰　此吾邻家也　乃导之行　及至　即辞去　邻人留之坐　女曰　时已晚　家人盼我归　不敢留也

第四十課　山

地面有山　或一峯獨立　聳入雲際　或羣峯相連　逾千里而不絶　山之大者　草木生之　禽獸居之　而金玉煤鐵之屬　又蘊於其中　誠無窮之利也

第四十课　山

地面有山　或一峰独立　耸入云际　或群峰相连　逾千里而不绝　山之大者　草木生之　禽兽居之　而金玉煤铁之属　又蕴于其中　诚无穷之利也

第四十一課　犬銜肉

一犬銜肉　過橋上　見水中有犬　口亦銜肉　思并得之　急置肉　躍入水中　幾淹斃　幸水淺得免　又登橋　其肉已失　回視水中之犬　亦不復銜肉

第四十一课　犬衔肉

一犬衔肉　过桥上　见水中有犬　口亦衔肉　思并得之　急置肉跃入水中　几淹死　幸水浅得免　又登桥　其肉已失　回视水中之犬亦不复衔肉

第四十二課　貓

某宅畜一貓　捕鼠甚勤　主人愛之　飼以鮮魚　寢以新絮　貓飽食而眠　不復捕鼠　久之　主人遷居　未攜貓去　貓以不能捕鼠　竟餓死

第四十二课　猫

某宅畜一猫　捕鼠甚勤　主人爱之　饲以鲜鱼　寝以新絮　猫饱食而眠　不复捕鼠　久之　主人迁居　未携猫去　猫以不能捕鼠　竟饿死

第四十三課　姊妹同遊

杜女有妹　功課之暇　常與同遊　一日　母取算題　命姊妹同演之　姊算先成　母命往庭前遊戲　女遲遲未行　母問之　答曰　同遊樂　獨遊不樂　願待妹也

第四十三课　姊（姐）妹同游

杜女有妹　功课之暇　常与同游　一日　母取算题　命姊（姐）妹同演之　姊（姐）算先成　母命往庭前游戏　女迟迟未行　母问之　答曰　同游乐　独游不乐　愿待妹也

第四十四課　同學相助

鄧女長於算術　而短於國文　余女反是　暇時　互以所長相授　如是者數月　二女皆有進步　師乃勉諸生曰　同學以相助獲益　鄧余二生可法也

第四十四课　同学相助

邓女长于算术　而短于国文　余女反是　暇时　互以所长相授　如是者数月　二女皆有进步　师乃勉诸生曰　同学以相助获益　邓余二生可法也

第四十五課　火

案上燃燭　兒以紙向火為戲　父曰　火不可戲也　小則灼肌膚　大則焚廬舍　兒曰　今知火之為害矣　父曰　燈非火不明　飯非火不熟　苟善用之　火固有益於人也

第四十五课　火

案上燃烛　儿以纸向火为戏　父曰　火不可戏也　小则灼肌肤　大则焚庐舍　儿曰　今知火之为害矣　父曰　灯非火不明　饭非火不熟　苟善用之　火固有益于人也

第四十六課

雪

冬日嚴寒

北風忽起

白雲滿天

林間羣雀

第四十六课 雪

冬日严寒　北风忽起　白云满天　林间群雀

啁啾不絶　入夜
風更大　寒更甚
夜半睡醒　見紙窗微明
疑是月色　及天曉出視
始知昨夜大雪
已積尺餘矣

啁啾不绝　入夜　风更大　寒更甚　夜半睡醒　见纸窗微明　疑是月色　及天晓出视　始知昨夜大雪　已积尺余矣

第四十七課

戒謾語

司馬光幼時
與其姊
共弄胡桃
欲脫其皮

第四十七课　戒谩语

司马光幼时　与其姊（姐）共弄胡桃　欲脱其皮

不得　姊去　一婢以湯脱之　及姊復來　光告姊曰　吾能脱之矣　其父適見之　呵曰　小子何得謾語　光自是改過　終身無謾語

不得　姊（姐）去　一婢以汤脱之　及姊（姐）复来　光告姊（姐）曰　吾能脱之矣　其父适见之　呵曰　小子何得谩语　光自是改过　终身无谩语

第四十八課　甄女

甄逸有女　年尚稚　喜書　見字輒識　諸兄謂之曰　女子當習女工　汝讀書　將焉用耶　女曰　古之賢女　未有不學　世間學問甚多　吾不讀書　何由知之

第四十八课　甄女

甄逸有女　年尚稚　喜书　见字辄识　诸兄谓之曰　女子当习女工　汝读书　将焉用耶　女曰　古之贤女　未有不学　世间学问甚多　吾不读书　何由知之

第四十九課　粉

崔女晨至鄰家　見鄰女獨坐窗前　對鏡撲粉　崔女曰　人之美醜　出於自然　何必用粉　且粉中有鉛　能傷皮膚　久用之　則面黃多瘢　非衛生之道也

第四十九课　粉

崔女晨至邻家　见邻女独坐窗前　对镜扑粉　崔女曰　人之美丑出于自然　何必用粉　且粉中有铅　能伤皮肤　久用之　则面黄多瘢非卫生之道也

第五十課　日時

一日一夜　分為十二時
子丑寅卯　辰巳午未
申酉戌亥是也
夏日長而夜短　冬日短而夜長
夜半為子　日中為午
午前曰上午　午後曰下午

第五十课　日时

一日一夜　分为十二时　子丑寅卯　辰巳午未　申酉戌亥是也
夏日长而夜短　冬日短而夜长
夜半为子　日中为午　午前曰上午　午后曰下午

午子
未丑
申寅
酉卯
戌辰
亥巳

第五册

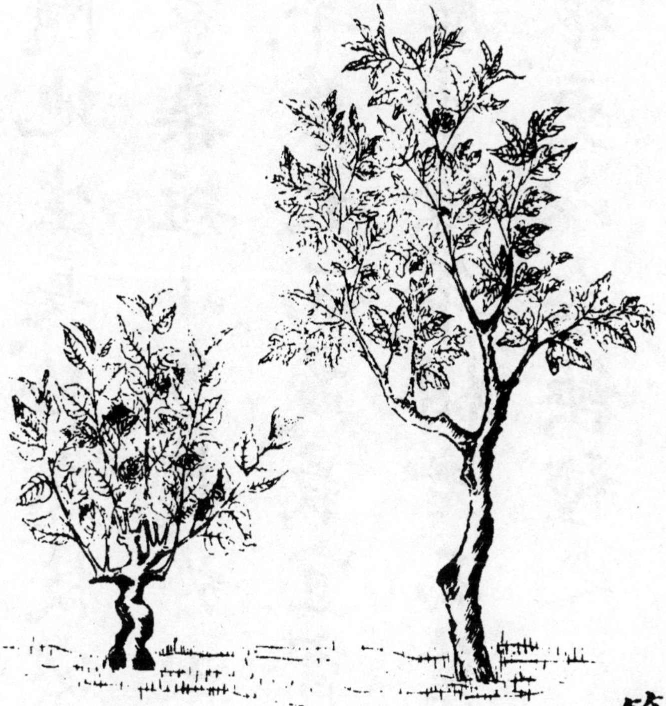

第二十課

桑

桑有二種。曰野桑。曰家桑。野桑

第二十课　桑

桑有二种。曰野桑，曰家桑。野桑

隨地生長。幹高枝密。不易枯萎。家桑短小。多栽於田間。發生較早。葉大而茂。最宜育蠶之用。但歷十餘年。樹老而葉少。必鋤其根。更以桑秧種之。

随地生长，干高枝密，不易枯萎。家桑短小，多栽于田间，发生较早，叶大而茂，最宜育蚕之用。但历十余年，树老而叶少，必锄其根，更以桑秧种之。

第二十一課　蠶

春夏之交。蠶子始孵化。蠕蠕如黑蟻。稍長而蜕。凡四次。經三四十日。吐絲作繭。

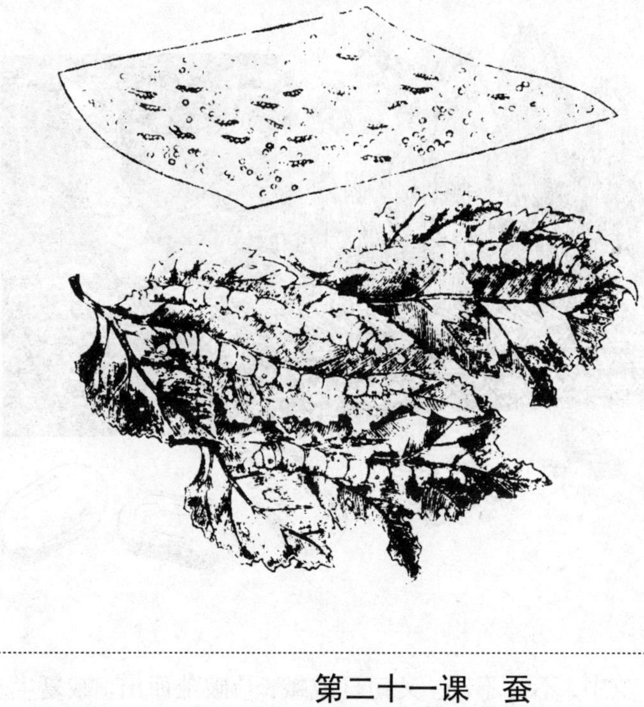

第二十一课　蚕

春夏之交，蚕子始孵化，蠕蠕如黑蚁。稍长而蜕，凡四次，经三四十日，吐丝作茧。

絲盡，化為蛹。伏於繭中，不食不動。又旬日成蛾，乃破繭而出。蛾復生子，至明年，又孵化而為蠶。

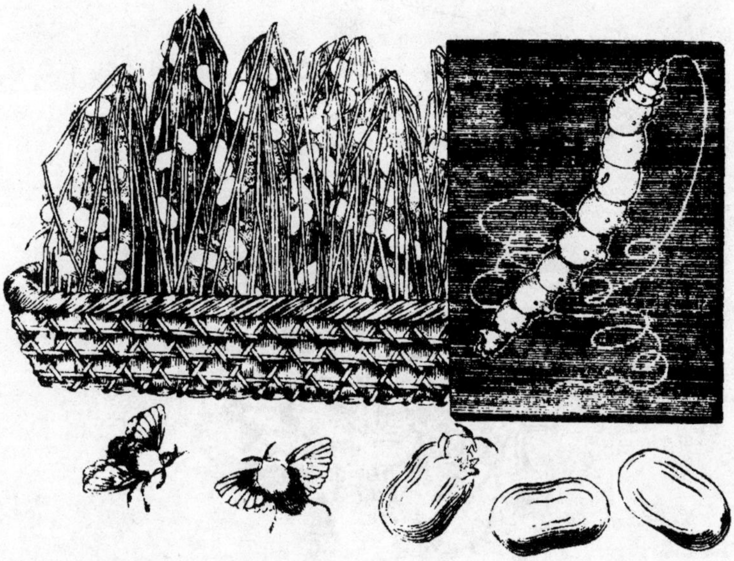

丝尽，化为蛹。伏于茧中，不食不动。又旬日成蛾，乃破茧而出。蛾复生子，至明年，又孵化而为蚕。

第二十二課　繅絲

蛾既破繭。則絲斷而不可繅。故欲繅絲。必用未破之繭。其法煮繭釜中。溶其膠質。乃尋其緒以抽之。捲於繅車之上。如繭多不

第二十二课　缫丝

蛾既破茧，则丝断而不可缫。故欲缫丝，必用未破之茧。其法煮茧釜中，溶其胶质。乃寻其绪以抽之，卷于缫车之上。如茧多不

及繅。先以火烘乾之。使蛹死不復成蛾。可以久藏不壞。

及缫，先以火烘干之，使蛹死不复成蛾。可以久藏不坏。

第二十五課　造花

魏女喜習手工。尤善造花。假日。其戚訪之。見瓷瓶中。

第二十五课　造花

魏女喜习手工，尤善造花。假日，其戚访之。见瓷瓶中，插梅花數枝。紅白相映。若新採自樹上者。訝曰。時已初夏。焉有梅花。及審視之。方知為人造之假花也。

第二十六課　花

宅旁闢隙地。蒔花卉。學業之暇。

插梅花数枝，红白相映，若新采自树上者。讶曰："时已初夏，焉有梅花。"及审视之，方知为人造之假花也。

第二十六课　花

宅旁辟隙地，莳花卉。学业之暇，

散步其間，聞其香，觀其色，神情為之一爽。

花之盛開，多在二三月，夏日次之，秋冬之際，亦有耐寒之品，冒霜雪而開花者。故園庭之間，選種適宜，則四時皆有花矣。

散步其间，闻其香，观其色，神情为之一爽。

花之盛开，多在二三月，夏日次之，秋冬之际，亦有耐寒之品，冒霜雪而开花者。故园庭之间，选种适宜，则四时皆有花矣。

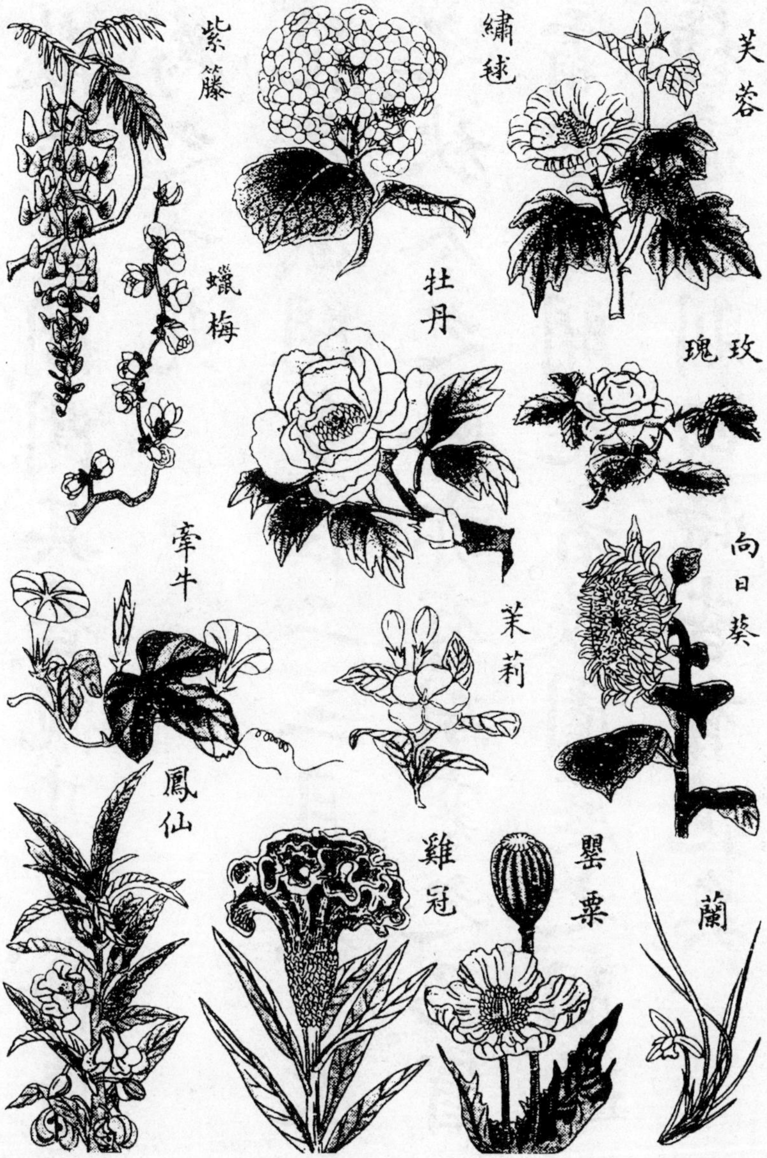

芙蓉　绣球　紫藤
玫瑰　牡丹　蜡梅
向日葵　茉莉　牵牛
兰　罂粟　鸡冠　凤仙

第三十三課　造屋

造屋之法．屋基宜高．所以遠潮溼也。溝道宜廣．所以洩潴穢也。窗．户宜多．所以通空氣．透日光也。廚房廁所宜隔遠．所以避煙灰及濁氣也。否則不合衛生．人居其中．必多疾病。

第三十三课　造屋

造屋之法，屋基宜高，所以远潮湿也。
沟道宜广，所以泄潴秽也。
窗、户宜多，所以通空气，透日光也。
厨房、厕所宜隔远，所以避烟灰及浊气也。
否则不合卫生，人居其中，必多疾病。

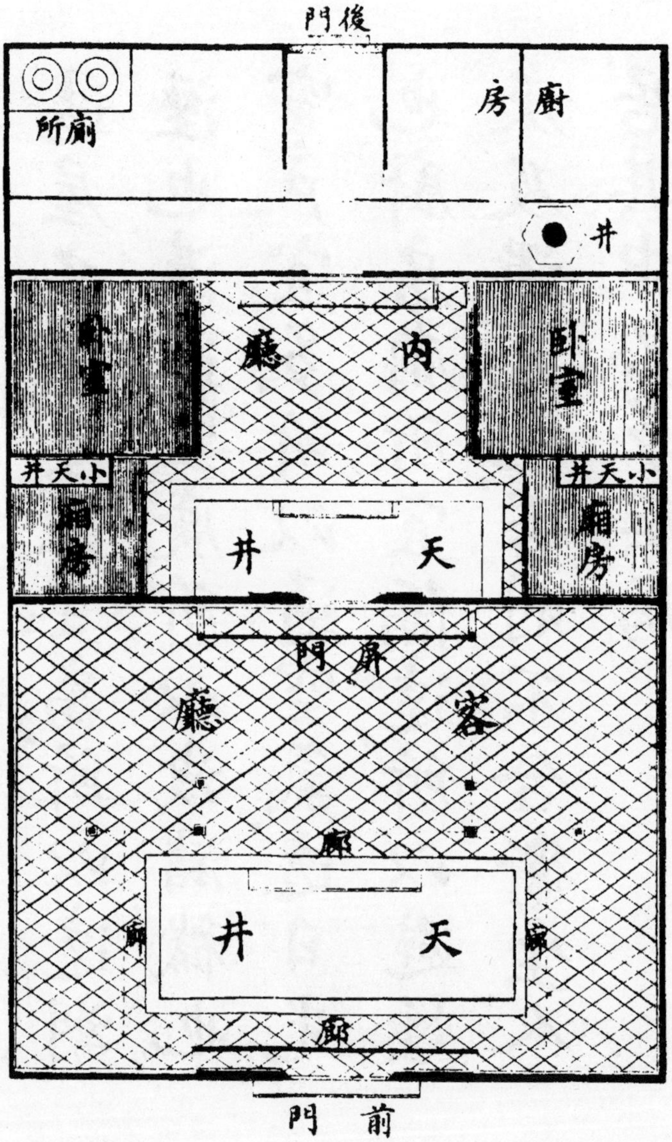

后门　厨房　厕所　井
卧室　内厅　小天井　厢房
屏门　客厅　廊　前门

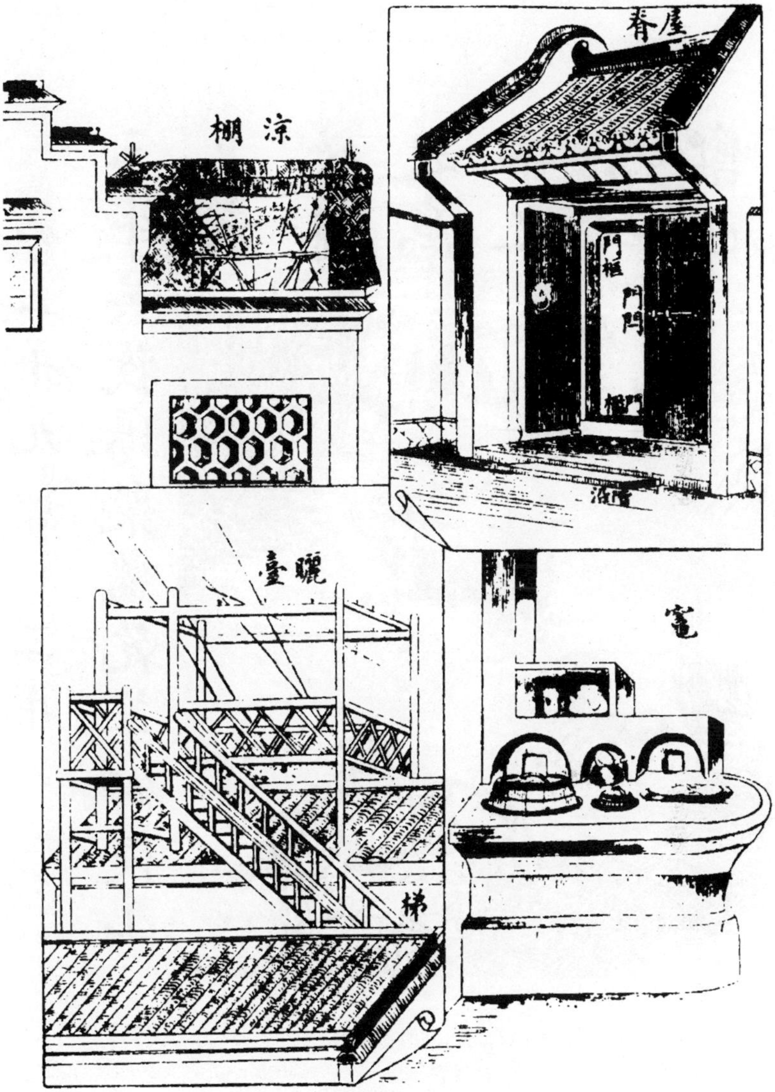

屋脊　门枢　门闩　门槛　沿阶　凉棚
灶　晒台　梯

第三十九課 三牛

三牛共牧場．聚囓乾草。獅從山上來．欲搏之。患牛之合以禦己

第三十九课　三牛

三牛共牧场，聚啮干草。狮从山上来，欲搏之。患牛之合以御己

也，不敢遽進，試吼以懼之。牛果散匿。獅喜，先搏小牛。小牛哀鳴，大牛莫敢援。既殺小牛，以次及大者，三牛皆死。

第四十課　象

印度有婦人，以賣菜為業。每見

也，不敢遽进，试吼以惧之。牛果散匿。狮喜，先搏小牛。小牛哀鸣，大牛莫敢援。既杀小牛，以次及大者，三牛皆死。

第四十课　象

印度有妇人，以卖菜为业。每见

象至，必以餘菜飼之。一日，象乘怒而出，路人奔避。婦有幼子，方嬉於路，未及抱之，惶急無措。及象至，熟視婦子，捲以鼻，置於路側，竟無所傷。

象至，必以余菜饲之。

一日，象乘怒而出，路人奔避。妇有幼子，方嬉于路，未及抱之，惶急无措。

及象至，熟视妇子，卷以鼻，置于路侧，竟无所伤。

第六册

第四課　戒傲慢

一富家兒。性傲慢。見他人衣冠。有不如己者。輒不為禮。母曰。人之貴賤。分於學問。有學問則人重之。無學問則人輕之。今汝自恃其富。不知求學。徒招人之輕侮耳。兒自是勤學。習於謙讓。不敢以富驕人。

第四课　戒傲慢

一富家儿，性傲慢。见他人衣冠，有不如己者，辄不为礼。母曰：“人之贵贱，分于学问。有学问则人重之，无学问则人轻之。今汝自恃其富，不知求学，徒招人轻侮耳。”儿自是勤学，习于谦让，不敢以富骄人。

第十三課　跳繩

諸生集體操場。為跳繩之戲。就場中作圓陣。各持一繩。向上擲之。繩自身後。繞頂而前。將及地。則跳而越之。且擲且跳。旋繞不已。久之。

第十三课　跳绳

诸生集体操场，为跳绳之戏。就场中作圆阵，各持一绳，向上掷之，绳自身后，绕顶而前，将及地，则跳而越之。且掷且跳，旋绕不已。久之，

力漸疲。次第休止。中有一人。休止最遲。諸生皆拍掌賀之。

力渐疲，次第休止。中有一人，休止最迟。诸生皆拍掌贺之。

第十四課　菜圃

宅旁隙地·闢為菜圃。四面圍短垣·垣内耕土作畦·雜蒔菘·莧之屬。其牽纏於垣上者·則豆藤及瓜蔓也。晨夕之暇·灌溉不缺·故產蔬極肥。一家所食·取給於是·勿虞不足。有時設筵餉客·且藉以佐膳焉。

第十四课　菜圃

宅旁隙地，辟为菜圃。四面围短垣，垣内耕土作畦，杂莳菘、苋之属。其牵缠于垣上者，则豆藤及瓜蔓也。晨夕之暇，灌溉不缺，故产蔬极肥。一家所食，取给于是，勿虞不足。有时设筵饷客，且借以佐膳焉。

第二十八課　烹飪

吾人常食之品、米、麥、豆、菽、所以充飢者也。魚、肉、蔬、蓏、所以佐膳者也。烹飪之法、因物而異。或煮而食之、或蒸而食之、或煎炒而食之。

食品不良、最易致病。故物之有惡味者、或已腐敗者、皆不可食。薑、椒、葱、蒜、其味辛辣、多食之亦足傷身。烹調者所宜知也。

第二十八课　烹饪

吾人常食之品，米、麦、豆、菽，所以充饥者也。鱼、肉、蔬、蓏※，所以佐膳者也。烹饪之法，因物而异。或煮而食之，或蒸而食之，或煎炒而食之。

食品不良，最易致病。故物之有恶味者，或已腐败者，皆不可食。姜、椒、葱、蒜，其味辛辣，多食之亦足伤身，烹调者所宜知也。

※ 蓏：音裸，是瓜类果实。

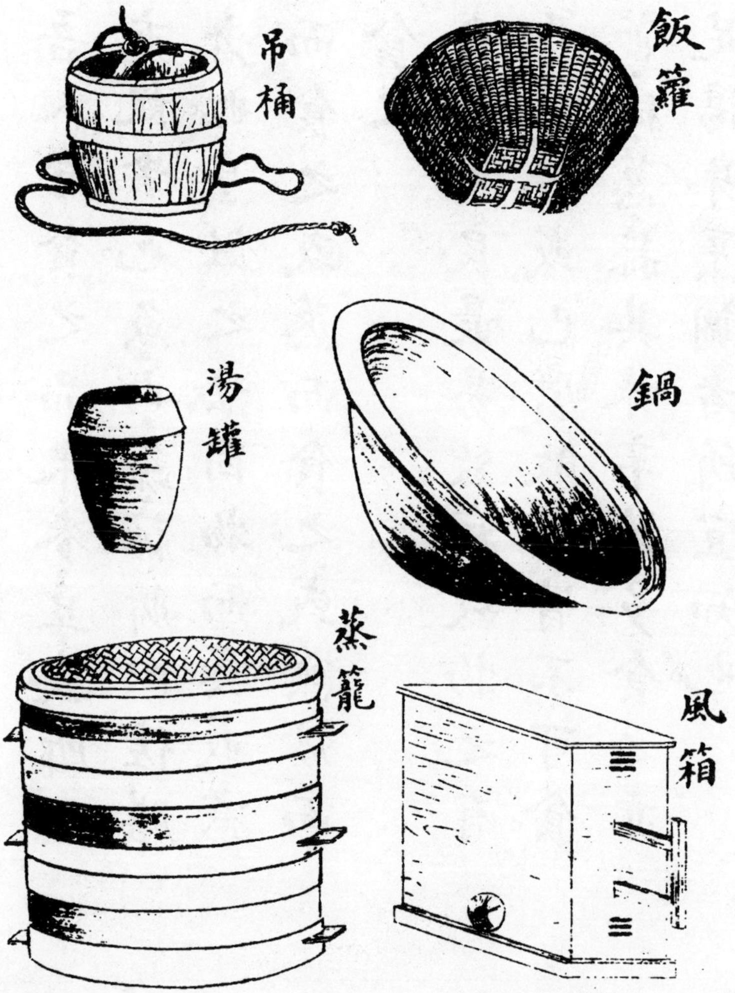

饭箩　吊桶
锅　汤罐
风箱　蒸笼

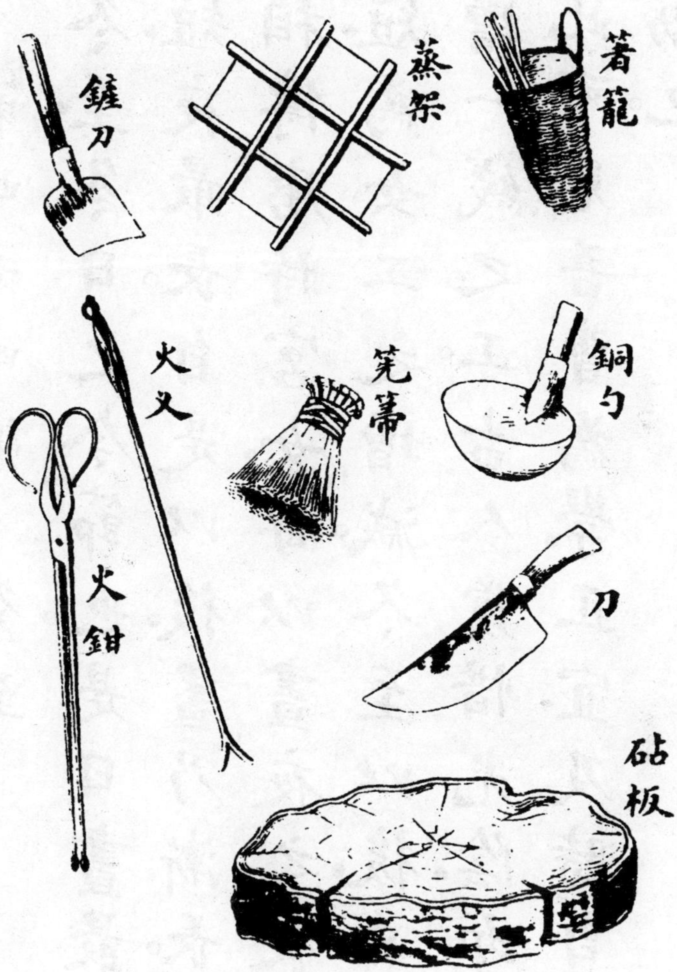

箸笼　蒸架　铲刀
铜勺　筅帚　火叉　火钳
刀　砧板

第四十四課　冬至

冬至。冬日之令節也。是日晝最短。夜最長。自是以後。晝乃漸長。相傳唐時宮女。每以晝夜之長短。為女工之增減。冬至以後。日增一綫之工。古人愛惜光陰。即此可見。吾曹為學。正宜及時自勵也。

第四十四课　冬至

冬至，冬日之令节也。是日昼最短，夜最长。自是以后，昼乃渐长。相传唐时宫女，每以昼夜之长短，为女工之增减。冬至以后，日增一线之工。古人爱惜光阴，即此可见。吾曹为学，正宜及时自励也。

第七册

第六課 守時刻

褚女常晏起。不能依時入學。師責之。乃囑其姊曰。明晨必促吾起。及時。姊喚之。妹曰。時尚早。盍稍待。姊曰。學堂功課有定時。晏起必誤時刻。且昨宵之言。豈忘之耶。女聞言大愧。遂整衣起。早餐既畢。從容赴學。歸謝姊曰。今日入學。能不後時者。姊之力也。

第六课 守时刻

褚女常晏起，不能依时入学。师责之，乃嘱其姊（姐）曰："明晨必促吾起。"及时，姊（姐）唤之。妹曰："时尚早，盍稍待。"姊（姐）曰："学堂功课有定时，晏起必误时刻。且昨宵之言，岂忘之耶。"女闻言大愧，遂整衣起。早餐既毕，从容赴学。归谢姊（姐）曰："今日入学，能不后时者，姊（姐）之力也。"

第十二课 鳥

鳥類之體，徧生羽毛。前肢為翼，能飛行空中。亦有游泳水中者，其足趾間，聯以蹼，謂之水鳥。

鳥類之嘴，為堅硬之角質。無齒，故食物不嚼。

獸之骨，皆有骨髓，鳥骨則中空，毛管亦然。故質輕而善飛。

獸皆胎生，鳥則卵生。鳥卵必孵之，而後成雛。

第十二课 鸟

鸟类之体，遍生羽毛。前肢为翼，能飞行空中。亦有游泳水中者，其足趾间，联以蹼，谓之水鸟。

鸟类之嘴，为坚硬之角质。无齿，故食物不嚼。

兽之骨，皆有骨髓，鸟骨则中空，毛管亦然。故质轻而善飞。

兽皆胎生，鸟则卵生。鸟卵必孵之，而后成雏。

鹰　鸱（鸱鸮）鹦鹉　鹊　乌（乌鸦）
鸽　鹤　翡翠　雁　孔雀
燕　雀　鹌鹑　雉　鹭
鹅　鸡　鸭　鸳鸯

第二十四課　農

農夫居鄉，以耕為業。若麥，若稻，若豆，棉，若蔬菜，皆次第下種，終歲勤動，無失其時。不幸而遇螟，蝗，或水，旱，風，雹，則收穫之物，常致不稔。且當其耕作也，必藉牲畜以助之，肥料以培之，而一切應用之農具，又不能有所缺。農之勞費如此。彼安坐而食者，不可不念其功也。

第二十四课　农

农夫居乡，以耕为业。若麦，若稻，若豆、棉，若蔬菜，皆次第下种，终岁勤动，无失其时。不幸而遇螟、蝗，或水、旱、风、雹，则收获之物，常致不稔，且当其耕作也，必借牲畜以助之，肥料以培之，而一切应用之农具，又不能有所缺。农之劳费如此，彼安坐而食者，不可不念其功也。

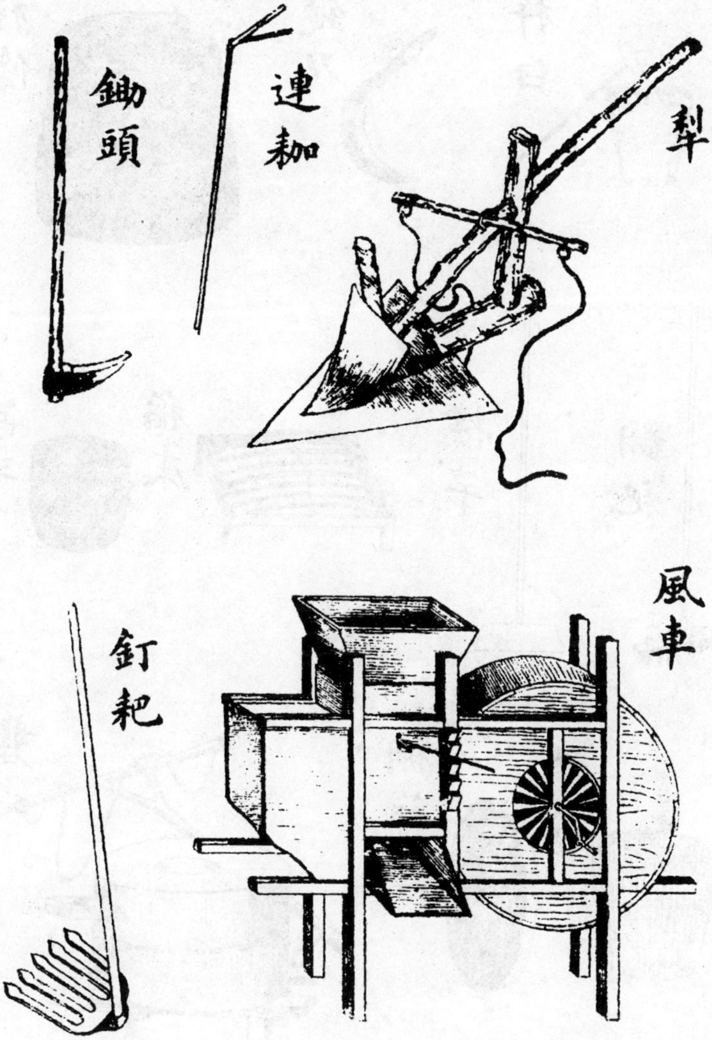

犁　连耞　锄头
风车　钉耙

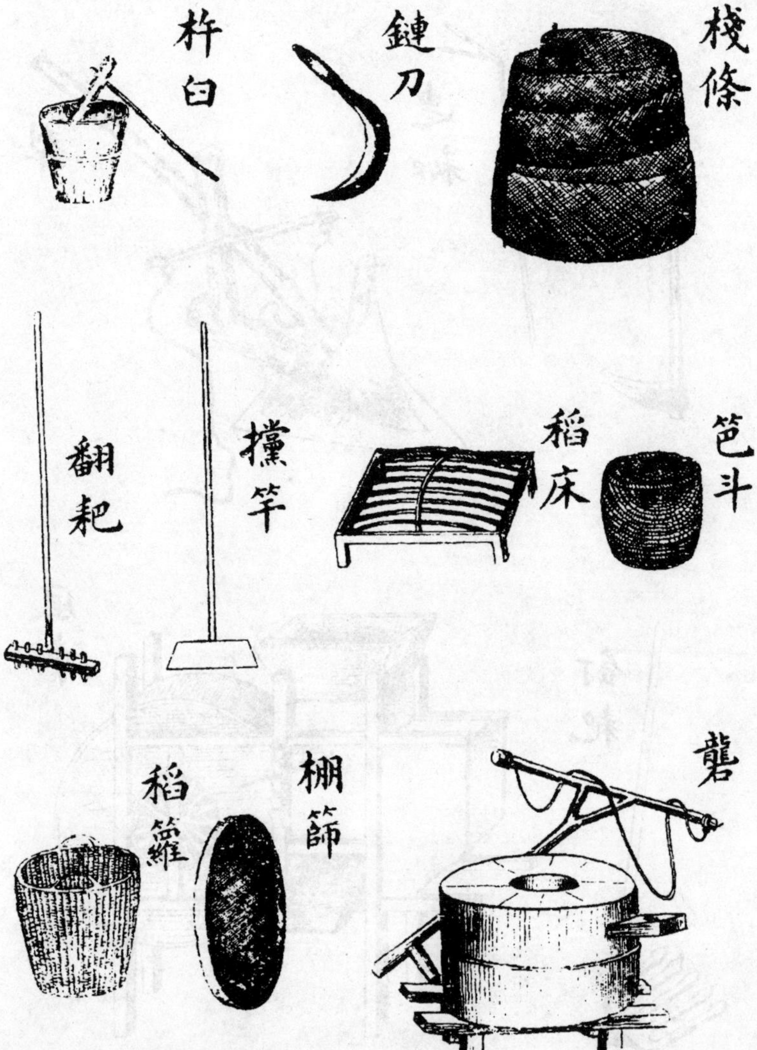

栈条　链刀※　杵臼
笆斗　稻床　挡竿　翻耙
砻　棚筛　稻箩

※ 链刀：应为镰刀。

第八册

第一課　明馬皇后

明太祖皇后馬氏，仁而有智。好書史。太祖有劄記，輒命后掌之，雖倉卒未嘗忘。嘗從太祖在軍，親緝衣，鞋，以佐軍需。軍中有戰事，又時發金，帛，以犒將，士。太祖既即帝位，冊封為皇后。后率內外命婦，親蠶於北郊，以為祭祀衣服。自奉甚儉，衣雖敝，不忍易。嘗取製衣餘帛，緝為巾，褥，以賜諸王妃及公主。曰，生長富貴，當令知蠶桑之不易也，

第一课　明・马皇后

明太祖皇后马氏，仁而有智。好书史。太祖有劄记，辄命后掌之，虽仓卒未尝忘。尝从太祖在军，亲缉衣、鞋，以佐军需。军中有战事，又时发金、帛，以犒将、士。太祖既即帝位，册封为皇后。后率内外命妇，亲蚕于北郊，以为祭祀衣服。自奉甚俭，衣虽敝，不忍易。尝取制衣余帛，缉为巾、褥，以赐诸王妃及公主。曰：“生长富、贵，当令知蚕桑之不易也。”

第三課　蟲

蟲．動物之小者也。種類甚多．或高飛空中．或跂行陸地．間有游泳於水中者。其生殖最易。性畏寒。秋．冬．霜雪降．蟲多死。其不死者．深伏土中．不飲不食．名曰蟄。及春暖．蟄者復出．死蟲之遺卵．亦先後孵化矣。

蠶吐絲．蜂釀蜜．此蟲類之宜飼育者也。書生蠹．木生蛀．螟蝗能害稼．蚊．蠅．蚤．蝨能害人．此蟲類之宜殺除者也。

第三课　虫

虫，动物之小者也。种类甚多，或高飞空中，或跂行陆地，间有游泳于水中者。其生殖最易，性畏寒。秋、冬，霜雪降，虫多死。其不死者，深伏土中，不饮不食，名曰蛰。及春暖，蛰者复出，死虫之遗卵，亦先后孵化矣。

蚕吐丝，蜂酿蜜，此虫类之宜饲育者也。书生蠹，木生蛀，螟、蝗能害稼，蚊、蝇、蚤、虱能害人，此虫类之宜杀除者也。

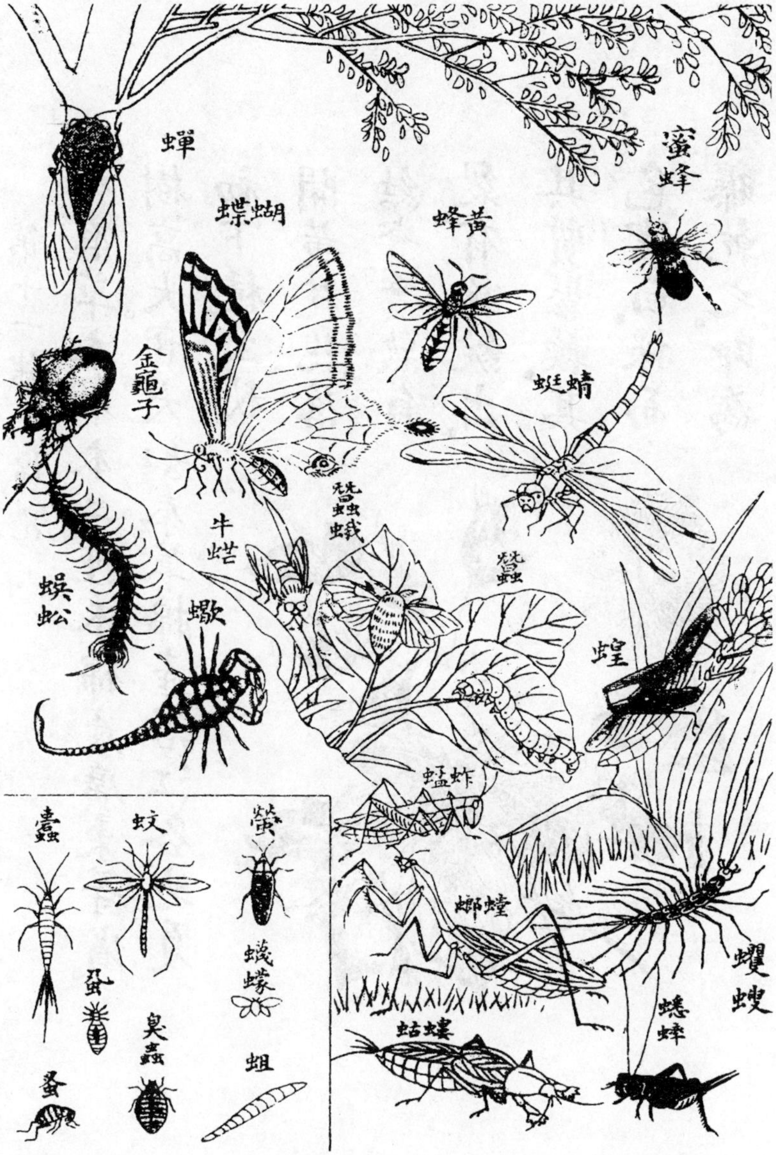

蜜蜂　黄蜂　蝉　蜻蜓　蝴蝶
金龟子　蝗　蚕　蚕蛾　牛虻
蝎　蜈蚣　蠼螋　螳螂　蚱蜢
蟋蟀　蝼蛄　萤　蚊　蠹
蠛蠓　虱　蛆　臭虫　蚤

第十一課　棉花

棉有草本、木本二種。木棉產廣東等省。樹高大。實大如拳。草棉產沿江各地。夏初下種。至秋開黃花花落結實。實熟自裂、有物綻出、其質鬆輭、其色潔白、採而曝乾之、即為

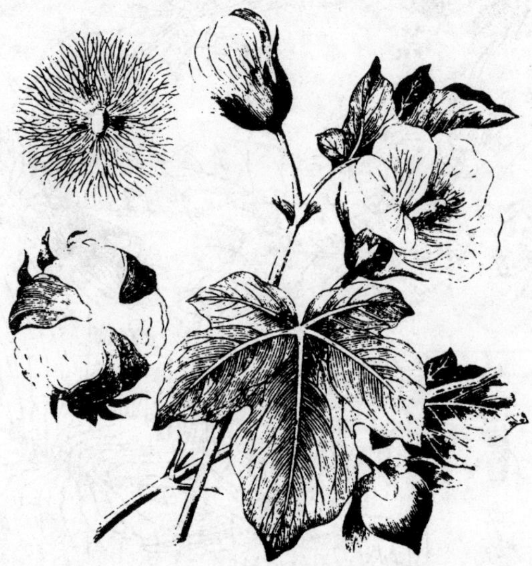

第十一课　棉花

棉有草本、木本二种。木棉产广东等省。树高大。实大如拳。草棉产沿江各地，夏初下种。至秋开黄花，花落结实。实熟自裂，有物绽出，其质松软，其色洁白，采而曝干之，即为

棉花。其中有子．用機軋去。然後彈以為絮。搓以為條。紡以為紗。織以為布。

舊時織布之機．專恃人力．需時多．成功難。今人改用汽機．自軋子而彈絮．而搓條．而紡紗．而織布．不及數時．即已畢事．便孰大焉。

棉花。其中有子，用机轧去。然后弹以为絮，搓以为条，纺以为纱。织以为布。

旧时织布之机，专恃人力，需时多，成功难。今人改用汽机，自轧子而弹絮，而搓条，而纺纱，而织布，不及数时，即已毕事，便孰大焉。

第三十二課　音樂

審察聲音。而施之以節拍。是為音樂。音樂感人最深。能使人樂。能使人悲。能使人肅莊。能使人奮起。其為器也。或絲。或竹。或金革。其為聲也。輕重高下。各有定法。有時若抑而忽揚。由徐而轉疾。則音響美妙。益能動人。古之學校。禮樂並習。禮以節其進退。樂以和其心志。今學堂中。有唱歌一科。蓋亦行古之道也。

第三十二课　音乐

审察声音，而施之以节拍，是为音乐。音乐感人最深，能使人乐，能使人悲，能使人肃庄，能使人奋起。其为器也，或丝，或竹，或金革。其为声也，轻重高下，各有定法。有时若抑而忽扬，由徐而转疾，则音响美妙，益能动人。

古之学校，礼、乐并习。礼以节其进退，乐以和其心志。今学堂中，有唱歌一科，盖亦行古之道也。

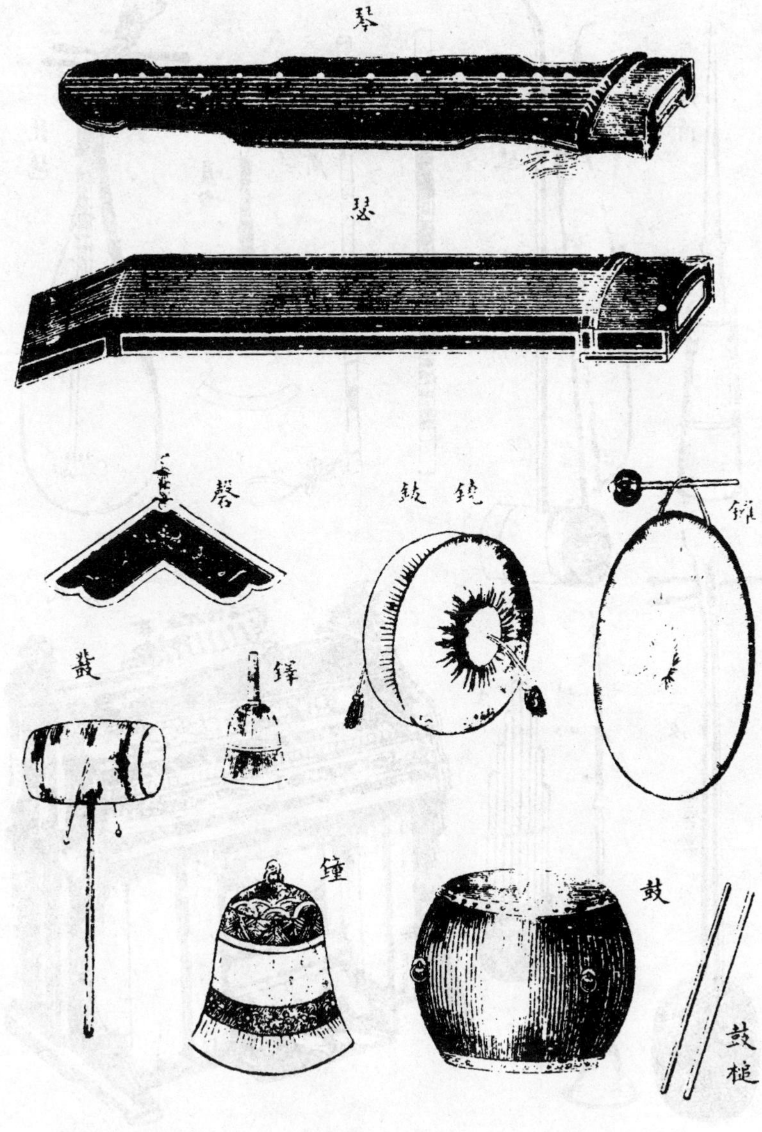

琴 瑟 锣 铙钹 磬
铎 鼗（táo） 鼓槌 鼓 钟

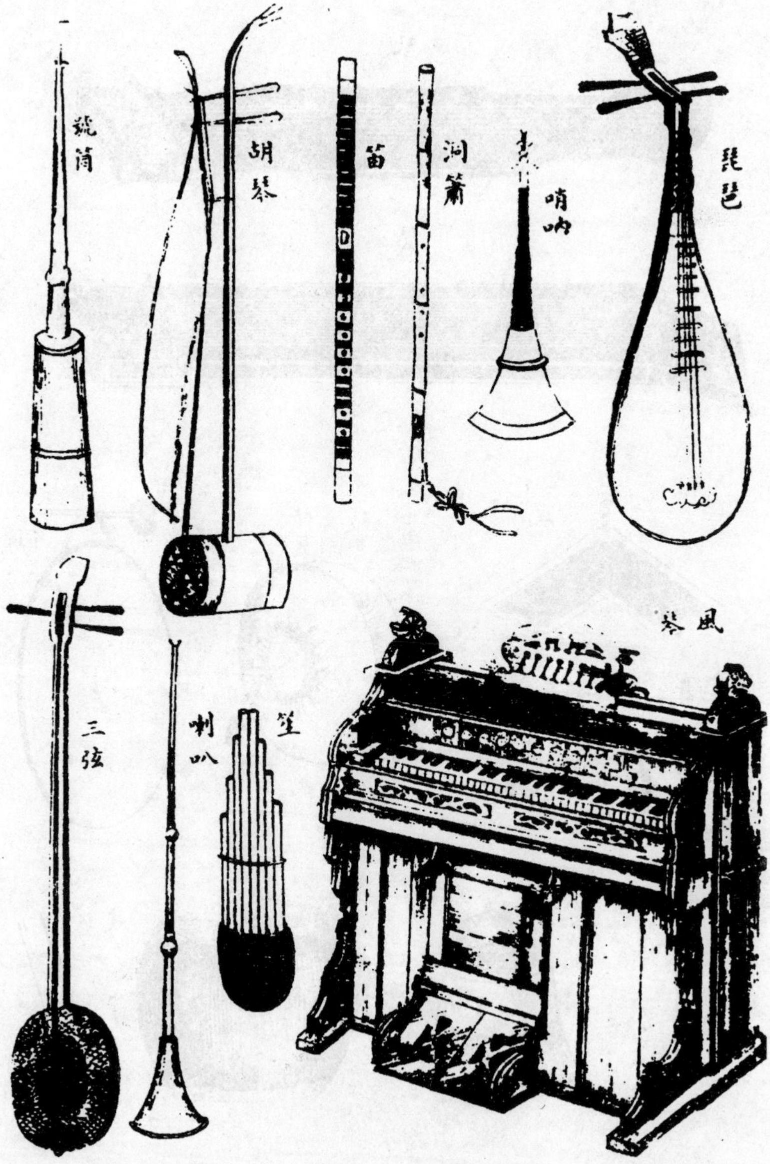

琵琶　哨呐※　洞箫　笛　胡琴
号筒　风琴　笙　喇叭　三弦

※ 哨呐：应为唢呐。

第四十五課　兵

鳥有爪距。獸有蹄角。皆所以自衛也。國以兵為衛。譬之爪距與蹄角也。今之世界。任兵役者。多為男子。女子無與焉。然遇國有兵事。勝則同蒙其福。敗則同受其禍。故女子雖不任兵役。其關係固甚切也。

昔越王勾踐。為吴所敗。日以國恥申警其民。其女子亦知尚武。及伐吴之日。母戒其子。婦勉其夫。曰。有君如此。可毋死乎。故其師有進無退。卒以滅吴。然則兵之强弱。女子固與有責矣。

第四十五课　兵

鸟有爪距，兽有蹄、角，皆所以自卫也。国以兵为卫，譬之爪距与蹄角也。今之世界，任兵役者，多为男子，女子无与焉。然遇国有兵事，胜则同蒙其福，败则同受其祸。故女子虽不任兵役，其关系固甚切也。

昔越王勾践，为吴所败，日以国耻申警其民，其女子亦知尚武。及伐吴之日，母戒其子，妇勉其夫，曰："有君如此，可毋死乎。"故其师有进无退，卒以灭吴。然则兵之强弱，女子固与有责矣。

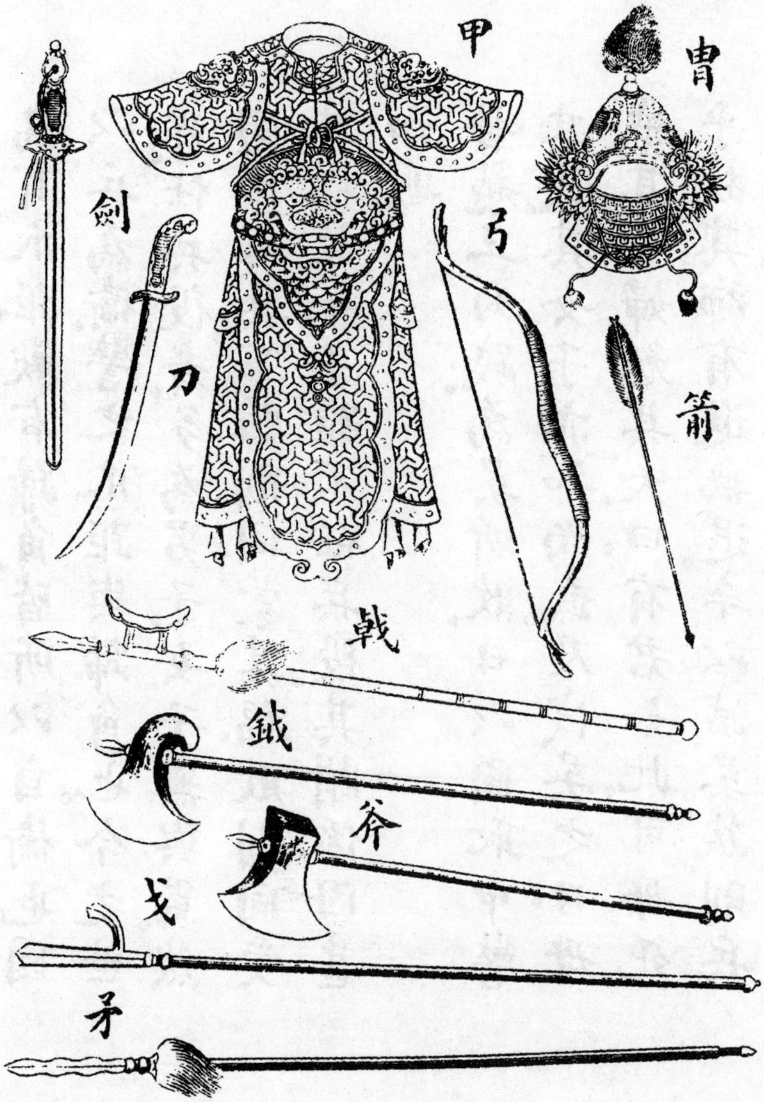

胄 箭 弓 甲 刀
剑 戟 钺 斧 戈 矛

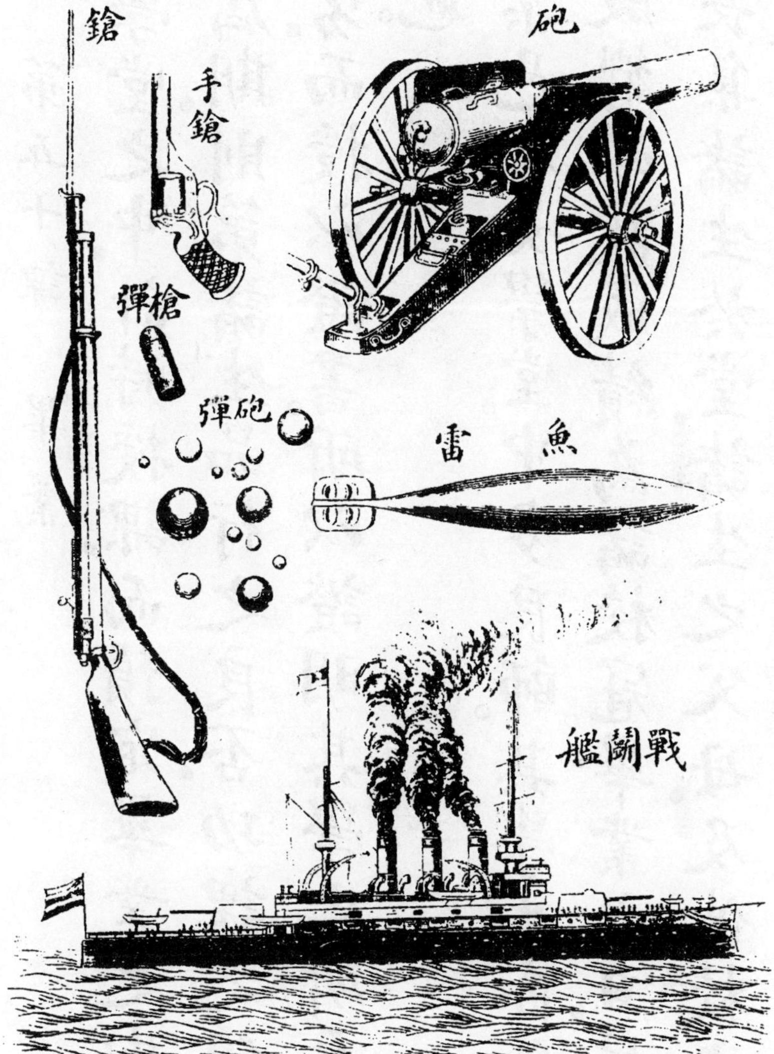

炮　手枪　枪弹　枪　鱼雷　炮弹　战斗舰

第五十課　畢業

學堂之中。計時授課。而預定畢業之期。屆期。則第諸生品行之良否。功課之優劣。而授以證書。所以證明其學之所至也。

某邑有女學堂。中多良師。其學生亦殷殷嚮學。故成績爲諸校冠。畢業之日。校長集諸生於堂。諸生之父母。及他校之

第五十课　毕业

学堂之中，计时授课，而预定毕业之期。届期，则第诸生品行之良否，功课之优劣，而授以证书。所以证明其学之所至也。

某邑有女学堂，中多良师。其学生亦殷殷向学，故成绩为诸校冠。毕业之日，校长集诸生于堂，诸生之父母，及他校之

教師咸蒞。校長既授證書。更演說女子之所當務。以勗學生。旁觀皆拍掌稱善。

附演說稿

今天本學堂初等小學班畢業發給證書發給獎賞我看諸生功課很好實在替諸生歡喜怎麼不同諸生道賀呢但是我還有幾句話要告訴諸生我們中國從前的女子雖然沒有進學堂天天在家裏幫着娘做針線弄飯菜卻不失女孩子的本分不過沒有進過學堂智識總覺有限現在的女學生知識自然比他們好點卻是有一種毛病自己看得太高那麼針綫飯菜的事情都不肯去幹諸生

教师咸莅。校长既授证书，更演说女子之所当务，以勖学生。旁观皆拍掌称善。

附　演说稿

今天本学堂初等小学班毕业，发给证书、发给奖赏。我看诸生功课很好，实在替诸生欢喜，怎么不同诸生道贺呢！但是我还有几句话要告诉诸生，我们中国从前的女子，虽然没有进学堂，天天在家里帮着娘做针线、弄饭菜，却不失女孩子的本分。不过没有进过学堂，智识总觉有限。现在的女学生知识自然比他们好点，却是有一种毛病，自己看得太高。那么针线、饭菜的事情都不肯去干。诸生

要曉得家裏的事情是要女子做的就是東洋西洋無論那一箇頂文明的國他們教女子的方法都是要能夠料理家事的

從前的女子嬌養慣了躲在房子裏偶然碰見男子就羞羞怯怯怕的了不得這箇固然不好現在不好的女子又變一箇樣子成羣結隊故意混入男子裏頭什麼都不怕動不動就開口罵人這又是荒唐了我勸諸生要曉得禮節大大方方不要學那羞怯的樣子更不要學那荒唐的樣子

從前的婦女專門講究穿戴一天的工夫都費在頭髻衣服上面那自然是不好但是過於隨便蓬頭亂髮又不是

要晓得家里的事情是要女子做的，就是东洋、西洋，无论那（哪）一个顶文明的国，他们教女子的方法，都是要能够料理家事的。

从前的女子娇养惯了，躲在房子里，偶然碰见男子，就羞羞怯怯，怕的了不得，这个固然不好。现在不好的，女子又变一个样子，成群结队，故意混入男子里头，什么都不怕，动不动，就开口骂人，这又是荒唐了。我劝诸生要晓得礼节，大大方方，不要学那羞怯的样子，更不要学那荒唐的样子。

从前的妇女专门讲究穿戴，一天的工夫，都费在头髻、衣服上面，那自然是不好。但是过于随便，蓬头乱发，又不是

清潔齊整的道理
我講的許多話你們都懂得麼天底下的事情無論什麼總要得中纔是太過也不好不及也不好諸生進了學堂已經數年這些話應該是知道的但願你們牢牢記著不要忘了到明年升了高等班那學問自然更高智識自然更好了

清洁、齐整的道理。

我讲的许多话，你们都懂得么？天底下的事情，无论什么，总要得中才是。太过也不好，不及也不好。诸生进了学堂已经数年，这些话应该是知道的，但愿你们牢牢记著（着），不要忘记了。到明年，升了高等班，那学问自然更高，智识自然更好了。